길을 묻다

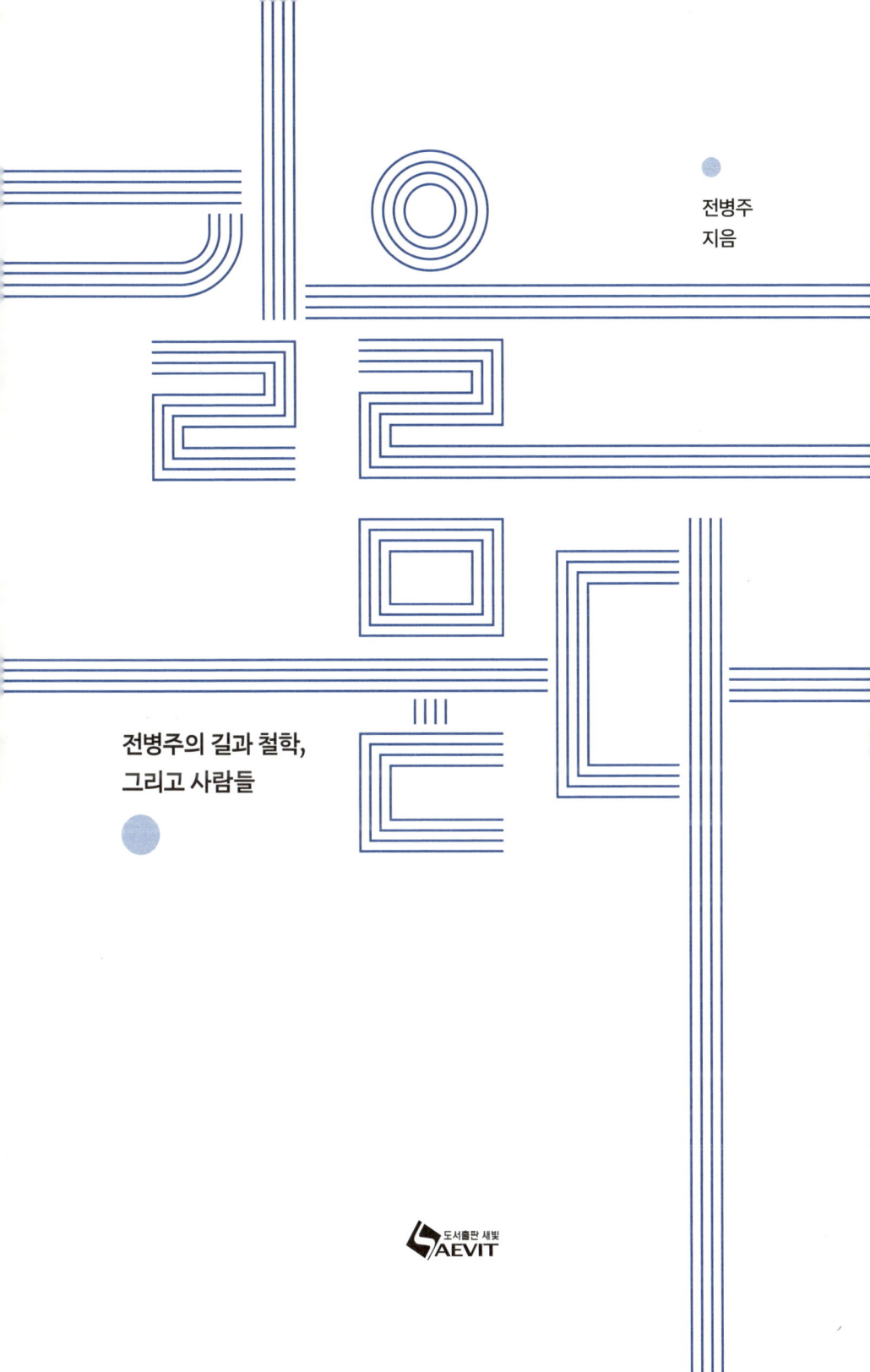

길을 걷다

전병주
지음

전병주의 길과 철학,
그리고 사람들

도서출판 새빛
SAEVIT

추천사

『길을 묻다 - 전병주의 길과 철학, 그리고 사람들』은 12년간 지방의정 현장에서 사람 중심의 도시 변화를 위해 헌신해 오신 전병주 서울시의원님의 깊은 신념과 철학이 고스란히 담겨 있는 책입니다.

저와 이름이 같아 더욱 각별한 인연을 맺게 된 전병주 의원님은, 제가 아는 한 누구보다 성실하고 진정성 있는 정치인입니다. 김대중, 노무현 대통령의 민주주의 가치와 이재명 대통령의 정책적 디테일을 배우며 광진에서 실천해 오신 의원님의 행정 철학과 정치적 비전은, 이 시대에 우리가 나아가야 할 길을 명확히 제시하고 있습니다.

정치의 본질이 '사람'이라는 믿음 아래, 시민의 삶을 바꾸기 위한 의원님의 현장 철학은 많은 이들에게 깊은 울림을 주고 있습니다. 이 책을 통해 전병주 의원님의 따뜻한 마음과 뜨거운 열정이 널리 알려지기를 바랍니다.

김병주 국회의원 (경기 남양주을), 더불어민주당 최고위원,
前 한미연합군사령부 부사령관

사람을 향한 정치, 현장을 향한 행정. 이 두 축이 만나면 도시가 변하고, 삶이 달라집니다.

전병주 의원님은 늘 그 현장의 한가운데 있었습니다. 말보다 실천이 앞섰고, 원칙보다 사람을 먼저 생각했습니다. 이 책 『길을 묻다』는 그가 걸어온 12년의 시간, 그리고 앞으로 걸어가야 할 길을 한 권에 담은 기록입니다.

정치를 제도나 권력의 언어가 아닌 사람의 이야기로 풀어낸 진심의 기록, 바로 그것이 전병주 의원의 힘입니다. 이 책을 통해 독자 여러분이 '사람이 자라고 머무는 도시, 광진'의 미래를 함께 상상하길 바랍니다.

김영배 국회의원 (서울 성북구갑), 前 성북구청장

아끼는 대학 후배이기도 한 전병주는, 제가 광진구에서 일하던 시절부터 가장 가까운 동료였습니다.

그는 현장에서 언제나 주민의 목소리를 먼저 듣고 그 안에서 해답을 찾으려 애쓰던, 늘 겸손하고 따뜻한 사람입니다.

전병주의 정치에는 온기와 품격이 있고, 행정에는 세밀함과 진심이 있습니다.

그의 오랜 현장 경험과 철학이 담긴 이 책 『길을 묻다』는, 사람을 중심에 둔 따뜻한 정치의 기록이자 광진구의 내일을 향한 희망의 이정표가 될 것입니다.

이제 더 나은 광진의 미래에 대한 그의 지혜로운 이야기에 귀 기울여 주시기 바랍니다.

김영춘 前 해양수산부 장관, 前 국회의원 (광진갑, 부산진갑)

전병주 의원은 세대를 아우르는 탁월한 소통 능력을 갖춘 정치인입니다.

일방적인 주장이 아닌, 상대에 대한 존중과 배려가 몸에 배어 있습니다.

항상 자신을 낮추고 봉사하는 그의 모습은 따뜻한 교육 공동체를 실현하는 서울시의원의 모범이라 할 수 있습니다.

앞으로도 그의 행보를 진심으로 응원합니다.

김영호 국회의원 (서울 서대문을), 국회 교육위원회 위원장,
前 더불어민주당 당대표 비서실장

전병주 의원은 서울시 의회의 대표적인 교육전문가로, 제가 국회 교육위에서 의정활동을 할 때 교육을 주제로 교류하며 각별한 인연을 맺어 왔습니다.

　　이 책은 교육을 단순한 복지 차원이 아니라 도시 성장의 핵심 인프라로 재정의하며, 지역 교육 격차 해소와 미래형 AI 리터러시 교육을 아우르는 공공 학습 생태계 구축의 구체적인 청사진을 제시합니다. 현장 중심의 행정 철학을 바탕으로 폐교 등 유휴시설을 학습·문화 복합공간으로 전환하는 실질적인 방안까지 담아내, 교육이 곧 도시의 지속가능한 미래임을 증명합니다.

박경미 더불어민주당 대변인, 강남구병 지역위원장,
前 국회의원, 청와대 교육비서관 (문재인 정부)

전병주 서울시의원은 저와 여러 차례 식사하며 정담을 나눈 인연이 있습니다.

또한 저의 의정활동을 꼼꼼히 살피고 격려해 준, 믿음직한 동지이기도 합니다. 그가 『전병주의 길과 철학, 그리고 사람들』이라는 부제의 책을 펴낸다고 합니다.

이 책은 자신이 가고자 하는 길을 스스로에게 묻는, 매우 성찰적인 기록이자 정치와 삶을 함께 돌아보는 사유의 여정이라 할 수 있습니다.

전병주 의원은 오늘의 그가 있기까지, 그를 둘러싼 사람들과의 관계 속에서 더 깊이 성장해 왔고, 아직 만나지 못한 사람들을 향해 더욱 넓은 광장으로 나아가고 있습니다. 앞으로도 그 특유의 진정성과 성찰의 걸음으로 뚜벅뚜벅, 그러나 단단하게 자신의 길을 걸어갈 것으로 기대하며 응원합니다.

박범계 국회의원 (대전 서구을), 前 법무부 장관

『길을 묻다 - 전병주의 길과 철학, 그리고 사람들』 출판을 진심으로 축하드립니다.

전병주 서울시의원님의 저서에는 시민 곁에서, 현장 속에서 늘 함께 해왔던 그의 철학이 잘 녹아있습니다. 그가 주창하는 사람 중심의 행정철학과 현장 중심 정치의 실천은 곧 실효성 있는 정책을 만들어내는 핵심이자, 광진의 백년대계와 비전을 설정하는 중요한 가치입니다.

이 책을 통해 교육, 복지, 도시재생, 교통, 안전, 생활환경 등 모든 행정분야에 거쳐 '결단은 빠르고, 조정은 깊고, 실행은 투명한' 실무형 리더십을 발휘할 수 있는 전병주 의원님의 역량을 잘 볼 수 있습니다.

서영교 국회의원은 전병주 의원을 존경합니다.
전병주 의원님의 『길을 묻다』이 책을 광진구민과 서울시민께 강력 추천합니다.
전병주 서울시의원님 화이팅! 광진구 화이팅!

서영교 국회의원 (서울 중랑구갑, 4선),
前 청와대 춘추관장 겸 보도지원 비서관 (참여정부)

2023년 12·3 내란 사태와 그 수습 과정에서 치열하게 대응하던 전병주 의원님의 모습을 저는 아직도 기억합니다. 그는 그 과정에서 국민의힘 시의원들로부터 부당한 제명 요구를 받았지만, 결국 그 안건은 철회되었습니다. 그만큼 그는 사람을 중심에 두고, 원칙과 소신으로 싸워온 정치인입니다.

그 치열한 현장의 기록과 사람 중심의 철학을 담아 『길을 묻다』라는 책으로 엮어냈습니다. 늘 현장에서 답을 찾아가는 전병주 의원님의 진심 어린 정치를 마음 깊이 응원합니다.

『길을 묻다』의 출간을 진심으로 축하드립니다.

오기형 국회의원 (서울 도봉구을),
前 법무법인 태평양 변호사

전병주 의원님이 지금까지 보여주신 시야와 통찰력은 확실히 남다릅니다.

뿐만 아니라 지역사회 교육에 대한 의원님의 지속적인 관심은, 시민과 아이들을 사랑하는 따뜻한 마음에서 우러난 것임을 그를 지켜본 누구나 확연히 느낄 수 있습니다.

그의 여정을 언제나 응원합니다.

이범 교육평론가, 前 민주정책연구원 부원장

정치는 '사람을 바꾸는 일'이 아니라 '사람과 함께 바뀌는 과정'이라는 말을 저는 늘 마음에 두고 있습니다. 저는 전병주 의원을 보며 이 말을 실감한 적이 여러 번 있었습니다. 그는 언제나 현장을 향해 있었고, 주민의 목소리를 수치와 보고서로 환원하지 않았습니다. 탁상 위 행정보다 골목의 현실을 택했고, 시스템보다 사람의 얼굴을 먼저 떠올렸습니다.

『길을 묻다』는 전병주 의원의 이러한 의정활동과 삶의 철학의 궤적을 차분히 복원한 책입니다.

저는 전 의원의 대학 후배이자 서울특별시의회 선배로서, 그가 광진구의원 시절부터 보여 온 활동을 곁에서 지켜볼 기회가 있었습니다. 그는 능력과 전문성뿐만 아니라, 공직자로서의 기본이자 공공기관의 가장 중요한 덕목인 청렴성을 무엇보다 중시해 왔습니다. 청렴은 그에게 단순한 도덕적 구호가 아니라, 행정과 정치의 신뢰를 지탱하는 실천의 기초입니다. 그는 제가 오랫동안 참여해 온 공익제보와 반부패운동의 취지에도 깊은 공감을 보내왔고, 청렴한 행정문화 확립을 위해 지속적으로 관심을 갖고 함께 논의해 온 몇 안 되는 정치인입니다.

또한 그는 민주주의의 철학을 단지 인용하지 않고, 행정의 언어로 번역할 줄 아는 정치인입니다. 김대중 대통령에게서 배운 민주주의의 가치, 노무현 대통령에게서 익힌 품격과 진정성, 이재명 대통령에게서 체득한 실행과 결단의 리더십이 그의 행정철학 안에서 유기적으로 결합되어 있습니다. 그 철학은 말이 아니라 구체적인 정책과 예산, 그리고 시민의 체감 속에서 작동해 왔습니다.

『길을 묻다』는 지방정치가 시민의 삶을 어떻게 바꿀 수 있는지를 보여주는 기록이기도 합니다.

책 속의 '사람 중심 행정'은 단순한 슬로건이 아니라, 정책 설계의 원리이자 실천의 방법론입니다. 그는 교육을 도시 성장의 인프라로, 복지를 공동체 회복의 기반으로, 도시재생을 물리적 정비가 아닌 '삶의 재구성'으로 이해해 왔습니다. 이러한 '삶의 재구성'은 현장의 온도, 사람의 서사, 그리고 행정의 신뢰에서 비롯된다는 점을 그는 정확히 알고 있습니다. 특히 저는 이 책에서 제시된 '공공 학습 생태계' 구상과 '데이터와 감성의 균형을 이루는 행정 리더십'에 깊은 인상을 받았습니다. 이 두 개념은 행정과 정치의 경계를 허물고, 미래 지방정부가 지향해야 할 통합적 리더십의 방향을 제시합니다.

또한 그 리더십의 바탕에는 그가 현장에서 체득한 "결단은 빠르되, 조정은 깊게, 실행은 투명하게"라는 원칙이 녹아 있습니다.

『길을 묻다』는 단지 한 정치인의 회고록이 아닙니다.
이 책은 지방자치의 성숙과 민주행정의 철학을 함께 고민하는 사람들에게 하나의 실천적 교과서이자, 통찰의 나침반이 될 것입니다.

전병주 의원이 걸어온 길은 길의 끝을 말하지 않습니다. 그는 지금도 '사람이 자라고 머무는 도시'를 향해 길을 묻고 있습니다. 그 길 위에서, 저는 그의 철학이 광진구를 그리고 서울을 넘어 대한민국의 행정문화 속에 깊이 뿌리내리기를 진심으로 바랍니다.

이지문 (사)한국청렴운동본부 이사장 이지문,
前 서울시의원, 1992년 군 부재자 투표 양심선언 사건 당사자

『길을 묻다 – 전병주의 길과 철학, 그리고 사람들』 출간을 진심으로 축하드립니다.

오랜 의정활동을 통해 체득한 '사람 중심 행정'의 철학과 현장 중심 리더십을 집약한 정책 에세이의 출간은 매우 뜻깊은 일입니다. 이 책은 '정치는 말이 아니라 책임'이라는 굳건한 신념을 바탕으로, 광진의 구체적인 미래상과 지역 사회 발전을 위한 실천적 비전을 제시하고 있습니다.

특히 김대중, 노무현, 이재명으로 이어지는 시대정신을 행정의 언어로 재해석하고, 교육을 '도시 성장의 인프라'로 재정의하는 등 새로운 목민관의 길을 제시한 점은 독자들에게 큰 울림을 줄 것입니다.

부디 이 책이 '사람이 자라고 머무는 도시 광진'을 향한 고귀한 길에 굳건한 이정표가 되기를 기원하며, 전병주 의원님의 앞날에 무궁한 발전과 건승이 함께 하시기를 기원합니다.

이해식 국회의원 (서울 강동구을),
前 더불어민주당 이재명 당대표 비서실장

전병주 의원님은 저와 같은 전씨라 처음 만난 날부터 마음이 잘 통했습니다.

그는 조용하지만 언제나 진심으로 사람을 대하고, 겸손한 사람입니다. 말보다 행동으로 신뢰를 쌓는 정치인입니다.

『길을 묻다』 저서에는 전병주 의원님의 그런 철학과 실행력이 고스란히 담겨 있습니다. 그가 걸어온 길, 그리고 그 길 위에서 만난 사람들의 이야기는 '사람 중심 행정'이란 말의 의미를 다시 생각하게 합니다.

정치와 행정의 중심에 늘 사람이 있어야 한다는 전병주 의원님의 신념은, 이 책을 읽는 모든 분들에게 따뜻한 울림으로 다가올 것입니다.

이 시대에 꼭 필요한 묵직한 리더의 길. 전병주 의원님은 이미 묵묵히 걷고 있습니다. 그 걸음이 앞으로도 광진구와 서울, 나아가 대한민국의 더 나은 변화를 만들어주길 진심으로 기대하며 힘차게 응원합니다.

전현희 국회의원(서울 중구성동구갑), 더불어민주당 최고위원,
前 국민권익위원회 위원장

진심으로 희망을 만들어온 전병주 의원님께서 광진의 미래를 바꾸는 여정에서도 새 희망을 만들어가시길 바랍니다.

전병주 의원님을 처음 뵌 것은 2018년 서울시의회 개원 이후였습니다. 겉으로는 차분하고 담담한 인상이었지만, 그 안에는 교육에 대한 진심과 치열한 열정이 숨 쉬고 있음을 금세 느낄 수 있었습니다. 의원님은 언제나 모든 아이들이 태어난 환경이 달라도, 교육이라는 희망의 사다리를 통해 누구나 우리 사회의 인재로 성장할 수 있는 '희망과 평등의 교육'을 진심으로 추구해 오셨습니다.

2018년부터 2022년까지 제10대 서울시의회는 민주당이 3분의 2를 차지했고, 제가 혁신교육감으로 재직하던 시기였습니다. 이때는 무상급식과 무상교육이 완성되어 가던 중요한 시기였고, 초·중·고 입학준비금을 통해 교육복지의 새로운 지평이 열리던 시기이기도 합니다. 기후위기에 대응하는 생태전환교육과 농촌유학의 확대 등 교육의 패러다임이 변화하던 바로 그때, 전병주 의원님은 진심 어린 선도자이자 든든한 동반자였습니다.

2022년 재선 이후에도 의원님은 여전히 교육위원회에 남아 광진교육과 서울교육의 희망을 지키는 데 헌신하셨습니다. 다수의 재선 의원들이 교통, 재정, 도시 등으로 옮겨가는 상황에서도,

의원님은 '교육이 곧 도시의 미래'라는 확고한 철학 아래 묵묵히 그 자리를 지켰습니다.

특히 국민의힘이 의회 다수를 차지하게 되면서 교육정책의 후퇴와 역행이 우려되던 시기에, 전병주 의원님은 생태환경조례 폐지, 학생인권조례 폐지, 그리고 학원 심야교습 확대 조례 등 굵직한 교육의제 앞에서 한결같이 '희망의 교육'을 지키기 위해 싸워왔습니다. 그의 이러한 노력은 서울교육청은 물론, 교육공동체 전체의 든든한 버팀목이었습니다. 이제 전병주 의원님은 교육의 희망을 넘어, 광진의 복지·주거·교통·도시재생 등 주민 삶의 패러다임을 바꾸는 새로운 여정에 나섭니다. 교육에서 보여주신 진심과 실천의 에너지가 광진의 행정 전반을 변화시키는 동력으로 이어질 것이라 믿습니다.

정치는 결국 사람의 일입니다. 김대중 대통령님의 통합정치와 노무현 대통령님의 진정성의 정치가 전병주 의원님의 '진심의 정치'로 이어져 광진의 새로운 미래를 열어가리라 확신합니다. 교육의 여정에서 희망을 만들어오신 것처럼 광진에서 또한 희망의 여정을 걸어가시길 바랍니다.

조희연 前 서울시 교육감 (제20대~22대), 前 성공회대 교수

차례

추천사		4
프롤로그	정치는 왜 사람일까	
	12년의 의정활동, 해불양수를 가슴에 새긴 포용의 정치	25
	정치는 말이 아닌, 사람의 삶을 향한 책임입니다	29
	현장에서 배운 사람의 온도, 그 마음으로 한걸음 더	33

1부 정치의 시작, 사람의 마음에서

철학과 신념의 기원 – "정치는 결국 사람이다."

1장	정치의 시작, 사람의 마음에서	40
	들판에서 시작된 책임, 광장에서 피어난 의식	41
	청년의 가슴에 민주주의를 새기다	46
	사람 중심 정치의 씨앗을 틔운 시간	52
2장	신념의 뿌리 – 김대중에게 배우다	56
	고난 속에서 민주주의를 일으킨 사람	57
	단식 13일, 지방자치의 문을 열다	63
	행동하는 양심으로 정치를 증명하다	68
3장	시민의 권리를 위하여 – 노무현에게 배우다	74
	사람사는 세상, 정치의 가장 단순한 진심	75
	권위와 싸운 유쾌한 반란의 리더십	80
	시민과 함께 만드는 수평의 민주주의	85

2부   권리, 삶의 현장에서 배우다

실천과 행정의 현장 – "정치는 실무와 감동의 조화다."

4장	**현장에 답이 있다 - 이재명에게 배우다**	92
	말보다 행동, 실천으로 증명한 행정의 힘	93
	공정과 효율의 균형, 작지만 확실한 변화	98
	12년의 의정활동으로 배운 행정의 디테일	104
5장	**일상에 닿는 정치 - 김영춘에게 배우다**	110
	생활 속의 정치, 사람 곁의 민주주의	111
	세대와 세대를 잇는 실용의 리더십	116
	현장에서 배운 '대화하는 정치'의 품격	121
6장	**걸어온 길 - 언제나 주민과 함께**	128
	구의원에서 시의원까지, 현장 정치 여정	129
	이정헌과의 동행, 정치의 실천을 배우다	134
	함께 만든 변화, 주민의 삶을 바꾼 성과들	141

3부   사람이 자라는 도시, 광진의 내일로

비전과 미래 – "사람 중심 도시, 광진의 완성"

7장	**교육으로 잇는 도시의 미래**	148
	교육이 곧 복지, 배우는 도시의 가치	149
	학교와 마을을 잇는 학습 공동체의 필요성	153
	AI와 디지털 리터러시로 여는 새로운 교육생태계	157
8장	**사람 중심 행정, 새로운 목민관의 길**	162
	주민을 가장 잘 아는 행정가, 현장에서 답을 찾다	163
	행정의 디테일이 사람의 품격이 되는 순간	174
	실무형 리더십으로 완성하는 사람 중심 광진	181
에필로그	**사람과 함께, 길을 걷다**	188
	정치의 본질은 결국 사람	189
	그들의 철학, 오늘의 실천으로	193
	'사람이 자라는 도시, 광진'을 향한 다짐	198
전병주 의원이 걸어온 길		202

프롤로그 ● 정치는 왜 사람일까

12년의 의정활동,
해불양수를 가슴에 새긴 포용의 정치

지난 12년 동안 저는 광진구의회 의원으로, 또 서울시의회 의원으로, 주민 여러분 곁에서 쉼 없이 달려왔습니다. 정치라는 길에 처음 발을 내디뎠을 때, 저는 한 사람의 삶으로 들어간다는 일이 얼마나 무겁고 섬세한 일인지 충분히 알지 못했습니다. 하지만 시간이 흐르면서 정치는 책상 위에서 완성되는 것이 아니라 사람의 손끝에서, 발자국에서, 눈빛에서 완성된다는 것을 깨닫게 됩니다. 골목길에서 만난 아이들의 웃음소리, 시장 한켠의 고된 숨결, 복지관을 찾는 어르신의 주름진 손, 학교 앞 신호등 앞에 서 있는 학부모의 불안한 눈빛, 그 모든 장면이 저에게 '정치'였습니다. 정치는 거창한 제도나 거대한 담론보다, 삶의 온도 속에서 조용히 피어나는 마음의 일이라는 사실을 저는 현장에서 배웠습니다.

저를 지금의 자리까지 세워 준 힘은 언제나 주민이었습니다. 첫 선거에서 낙선했을 때도, 12년 만에 다시 도전해 천신만고 끝에 당선되었을 때도, 그 어떤 순간에도 저를 일으켜 세운 건 주민 여러분들의 저를 향한 믿음이었습니다. 선거운동 현장에서 마주친 눈빛들이 지금도 제 마음속에 선명하게 남아 있습니다. 그 눈빛은 믿음이기도 했고, 때로는 경고이기도 했습니다. 그 시선이 저를 정직하게 만들었고, 결코 주민의 뜻을 거슬러서는 안 된다는 다짐을 가슴 깊이 새기게 했습니다.

정치인은 혼자 설 수 없습니다. 주민의 지지가 있어야 이름이 불리고, 주민의 신뢰가 있어야 자리가 유지됩니다. 아무리 좋은 공약을 내세우고 화려한 이력을 말해도 그것이 주민의 삶을 바꾸지 못한다면, 그건 정치가 아니라 자기만족일 뿐입니다.

저의 지난 12년은 주민의 선택으로 시작되어, 그 신뢰로 이어져 왔습니다. 정치의 권위는 스스로 만드는 것이 아니라 주민이 허락하는 것임을 저는 한시도 잊지 않고 있습니다. 의정활동의 현장은 늘 따뜻함과 냉정함이 함께했습니다. 격려는 힘이 되었고, 질책은 거울이 되었습니다. 때로는 주민의 목소리가 마음을 다치게 할 만큼 날카로웠지만, 그 말은 제 자신을 돌아보게 하는 가장 정직한 충고이기도 했습니다.

정치는 칭찬보다 질책으로 단단해지는 일입니다. 저는 그 과정 속에서 성장했습니다. 주민의 평가가 곧 정치인의 성적표이고, 그 한마디 한마디가 제 정치를 새롭게 다듬는 연필 끝이었습니다. 현장에서 만난 주민들의 얼굴은 제 정치의 나침반이었습니다. 좁은 골목길에서 안전 문제를 호소하던 어르신, 아이의 손을 잡고 통학로의 위험을 이야기하던 부모, 장바구니를 든 채 생활고를 토로하던 시장의 상인, 지하철역 출구 앞에서 무심히 던진 한마디까지. 그 모든 순간이 제 마음속에 남아 있습니다. 저는 늘 그 이야기를 놓치지 않으려, 작은 수첩에 메모하고 다시 의정활동으로 연결하려 애썼습니다. 그 노력이야말로 생활정치의 본령이라 믿습니다.

해불양수 海不讓水

정치는 책상 위 자료가 아니라, 현장의 숨결과 사람의 온도 속에서 자라나는 일입니다. 그 긴 시간 동안, 제 정치의 중심에는 한 가지 철학이 있었습니다. 바다는 탁한 물도, 맑은 물도 가리지 않고 모두 품습니다. 정치도 그와 같아야 한다고 믿었습니다. 다름을 이유로 배제하지 않고, 이견을 이유로 외면하지 않으며, 서로의 차이를 포용하고 조율하는 것. 그것이 제가 생각하는 정치의 본령입니다.

정치는 옳고 그름을 가르는 일이 아니라, 사람과 사람 간의 이해를 엮고 조정하는 일입니다. 때로는 양쪽의 목소리를 다 들어야 하고, 때로는 누구도 서지 않은 가운데 홀로 서야 할 때도 있습니다. 그 순간마다 저는 '바다'를 떠올렸습니다. 바다는 언제나 흐름을 막지 않습니다. 비바람이 불어도 물결을 품고, 탁류가 섞여도 다시 맑아집니다. 정치도 그러해야 한다고 믿었습니다. 누군가의 편을 드는 대신, 모두의 편이 되기 위한 길을 찾는 것. 그게 제가 꿈꾸는 정치의 형태입니다.

지난 12년은 저에게 수많은 이름을 남겼습니다. 의원, 정치인, 행정가, 그리고 때로는 민원창구. 그러나 그 모든 이름 위에 가장 먼저 새기고 싶은 단어는 '감사'입니다. 감사는 저의 출발점이었고, 여전히 저의 종착점입니다. 주민의 믿음이 제 정치의 근육을 만들었고, 그 신뢰가 오늘의 저를 단단하게 세웠습니다. 정치는 화려한 언변이 아니라, 감사로 이어지는 끈기와 성실함의 기록입니다. 그래서 저는 오늘도 그 마음을 잊지 않으려 합니다. 정치의 시작은 언제나 사람이고, 정치의 끝 또한 사람이라는 단순한 진리를 마음에 새깁니다.

해불양수의 정신으로, 모든 주민을 품는 바다 같은 정치인이 되기 위해 조용히, 그러나 흔들림 없이 걸어가겠습니다. 정치는 결국 사람의 온도로 완성된다는 믿음을, 저는 오늘도 다시 되새깁니다.

정치는 말이 아닌,
사람의 삶을 향한 책임입니다

    정치는 말로 시작되지만, 말로 끝나서는 안 됩니다. 말 또한 정치의 도구일 뿐, 정치의 목적이 되어서는 안 됩니다. 정치의 본질은 결국 사람의 삶에 닿는 책임이기 때문입니다. 말로 세상을 바꾸겠다는 이들은 많지만, 끝내 그 말을 책임으로 완성하는 이는 많지 않습니다. 정치인은 말로 약속하고, 행정으로 실천하며, 결과로 증명해야 합니다. 그래서 정치인의 언어는 언제나 무겁습니다. 그 한 문장이 누군가의 하루를 바꾸고, 그 하루가 모여 세상을 조금씩 바꾸기 때문입니다.

    광진구의회와 서울시의회 의원으로 활동하면서 매해 거대한 숫자와 마주했습니다. 서울시의 1년 예산은 약 63조 원입니다. 그 수치는 단순한 회계표의 합계가 아니라, 1,000만 시민의 삶을 조율하는 거대한 지도 그 자체입니다. 그 안에는 도시의 하루가, 시민의 생계가, 아이들의 꿈이, 어르신의 노후가 고스란히 들어 있습니다. 예산서의 항목 하나하나가 정책의 방향을 결정했고, 그 결정 하나가 시민의 삶의 온도를 바꿉니다.

특히 저는 교육위원회 부위원장으로 일하면서 '사람을 키우는 예산'이야말로 도시의 미래를 결정짓는 핵심이라 믿고 있습니다. 교육은 단지 학교 안의 일이 아니기 때문입니다. 교육은 도시의 문화이고, 공동체의 뿌리이며, 세대가 이어지는 통로입니다. 그래서 저는 늘 교육 예산을 심의할 때마다 한 아이의 얼굴을 떠올렸습니다. 급식실의 온도, 교실의 조명, 낡은 의자 하나까지도 그 아이의 하루를 결정짓는 요소이기 때문입니다. 그렇기에 숫자로 된 예산서 속에서 사람의 온도를 잃지 않으려 애썼습니다. 예산을 보는 눈은 숫자를 세는 기술이 아니라, 그 숫자 뒤에 있는 사람의 얼굴을 보는 감각이어야 한다고 믿었습니다.

예산을 심의한다는 건 결국 선택의 문제입니다. '우선순위를 어디에 두고, 어디서부터 어떻게 줄여나갈 것인가' 라는 고민의 순간에 정치인의 가치관이 그대로 드러나게 됩니다. 그래서 저는 늘 실효성이 낮은 사업은 과감히 줄이고 시민의 삶과 직결된 사업에는 주저 없이 힘을 보탰습니다. 복지 관련 예산 한 줄을 늘리기 위해 부서와 여러 차례 만남을 거듭했고, 학교와 유치원·어린이집의 시설 개선 예산을 확보하기 위해 일선의 교사들을 비롯해 학부모들, 학교 주변에 사시는 주민들까지 만나는 걸 피하지 않으며 밤늦게까지 현장을 돌면서 근거를 찾았습니다. 어떤 이는 그 과정을 '비효율'이라 말했지만, 저는 그게 바로 정치의 기본이라고 생각합니다. 행정의 속도보다 중요한 것은 행정의 방향이며, 그 방향이 사람을 향해 있어야 정치가 존재할 이유가 생기기 때문입니다.

이렇듯 정치란 결국 철학이 예산으로 구체화되는 과정입니다. 그래서 저는 늘 마음속으로 되뇌었습니다. "돈은 곧 철학이다." 정치인은 예산을 통해 자신의 철학을 증명합니다. 아이들의 안전을 위해 신호등 한 개를 세우는 일, 노인을 위한 돌봄 인력을 확충하는 일, 장애인 복지시설의 보조금을 확대하는 일, 그 모든 결정은 정치인의 철학이 정책으로 옮겨진 결과입니다. 정치는 결국 돈을 어디에 쓰느냐로 진심이 드러나는 일입니다. 그렇기 때문에 정치는 냉철해야 하지만, 동시에 따뜻해야 합니다.

예산 심의는 단순히 숫자를 세는 자리가 아니라, 사람의 목소리를 듣는 자리이기도 합니다. 회의장에서 질의를 던질 때마다 마음 한편에는 늘 현장의 장면들이 스쳐갑니다. 추운 겨울, 난방이 되지 않아 외투를 입고 수업을 듣게 될지도 모르는 아이들. 복지관의 프로그램이 중단되어 외로움 속에 하루를 보낼 수도 있는 어르신들. 예산은 이러한 분들의 삶을 바꿀 수 있는 유일한 열쇠이기 때문에, 그래서 저는 그 열쇠를 어떻게 돌릴지 늘 고민합니다.

정치의 언어는 화려할 수 있습니다. 그러나 정치의 본질은 조용한 실행 속에 있습니다. 회의장에서의 한 발언보다, 현장에서 바뀐 하나의 제도, 하나의 시설, 그 변화가 정치의 진짜 결과입니다. 그래서 저는 언제나 말보다 행동으로 증명하려 했습니다. 의원으로서 서명한 조례보다, 현장에서 만난 주민의 만족스러운 미소가 더 큰 보람이었습니다. 정치는 화려한 말로 평가받지만, 진짜 평가는 늘 주민의 삶 속에서 이뤄집니다.

이러한 과정들을 통해 배운 것은 결국 하나, '정치는 행정이 아니라, 사람의 책임'이라는 것입니다.

책임 없는 정치인은 말의 장식품에 불과합니다. 책임이 있는 정치만이 행정의 실효성을 만들고, 책임이 있는 결정만이 주민의 신뢰를 쌓습니다. 정치는 말로 시작하지만, 그 끝은 언제나 사람의 하루로 귀결됩니다. 그 하루를 바꾸는 일, 그 하루에 책임지는 일, 그것이 제가 믿는 정치의 본질입니다.

그래서 저는 제게 항상 '이 결정이 사람의 삶을 조금이라도 더 낫게 만드는가'라는 물음을 던집니다. 그 물음은 제 정치의 시작이자 끝입니다. 정치는 구호가 아니라 실천이고, 약속이 아니라 책임입니다. 그리고 그 책임이야말로, 사람의 삶을 지탱하는 가장 오래된 언어입니다.

현장에서 배운 사람의 온도,
그 마음으로 한 걸음 더

"현장에 답이 있다."

정치를 하며 수없이 들었던 말이고, 아마 모든 정치인이 입버릇처럼 되뇌는 문장일 것입니다. 그러나 저에게 이 말은 단순한 수사가 아니라, 12년 동안의 의정활동을 이끌어 온 방향키였습니다.

현장은 늘 불완전합니다. 완벽한 계획서도, 단 한 줄의 수치로 설명될 수도 없습니다. 그렇기에 정치인은 결국 현장으로 나가야 합니다. 사람의 삶을 바꾸는 일은, 그 삶의 온도 속에 직접 들어가야만 보입니다. 제가 정치를 시작한 이후 가장 먼저 몸으로 배운 것은, '행정의 문장보다 현장의 바람이 더 정직하다'는 사실이었습니다. 겨울비가 내리던 어느 날, 중곡동 골목길의 낡은 보행로 한쪽이 파손되어 휠체어가 오르내리지 못하는 장면을 마주했습니다. 주민센터 직원과 함께 우산을 접은 채 그 경사도를 재보던 순간, 저는 정치의 무게를 다시 느꼈습니다. 그 자리는 이후 보행자 중심으로 정비되었고, 지금은 유모차와 휠체어가 안전하게 오갈 수 있는 길이 되었습니다. 누군가에겐 사소한 보도 한 줄의 정비였지만, 그 길을 매일 지나던 주민에겐 '삶의 편의'이자 '존중의 증거'였습니다. 정치는 바로 그 작은 차이를 만들어내는 일이라고 저는 믿습니다. 눈에 띄지 않아도, 생활 속 불편을 줄이고 삶의 질을 높이는 일. 그 조용한 변화 속에 정치의 진심이 숨어 있습니다.

시장 상인들의 얼굴에서도 같은 교훈을 얻었습니다. 행정은 규정을 말하지만, 상인들은 하루 매출로 세상을 판단합니다. 시장 상인회 간담회에 참석했을 때, 한 상인이 제게 조심스레 말했습니다. "우리도 규제가 필요한 건 압니다. 그런데 장사도 해야 살죠." 그 짧은 한마디가 제 마음을 깊이 울렸습니다. 그 말에는 통계나 정책으로는 담기지 않는 현실의 진심이 있었습니다. 그날 이후 저는 상권 활성화 조례를 손보고, 전선 지중화 사업 예산 확보를 위해 시 집행부와 여러 차례 협의를 거쳤습니다. 쉽게 풀리지 않았고 몇 년의 시간이 걸렸지만 결국 실현되었습니다. 좁은 시장길에 복잡하던 전선이 사라지고, 노면이 정비되어 상인들이 안심하고 장사할 수 있는 환경이 만들어졌습니다. '정치는 말이 아니라, 그 말이 현실이 되는 과정에 끝까지 머무는 일'이라고 새삼 느끼던 순간이었습니다.

학교 현장에서도 그 믿음은 다르지 않았습니다. 서울시의회 교육위원회 부위원장으로 있으면서 저는 광진구 내 학교 시설 개선과 통학로 안전을 최우선 과제로 삼았습니다. 2022년 2차 추경을 통해 확보된 182억 원의 학교지원 예산 중, 상당수가 교실 환경 개선과 노후시설 보수에 투입되었습니다. 어느 날 한 학교 담장을 보수한다는 보고를 받고 직접 현장을 찾았는데, 서류상 '완료'로 표기된 곳이 여전히 빗물에 잠겨 있었습니다. 담당 과장에게 전화를 걸어 "완료가 아니라 미완입니다. 다시 봐주십시오."라고 말했던 기억이 아직도 생생합니다. 그 한마디로 공사는 다시 진행되었고, 아이들의 통학길은 완전히 달라졌습니다. 행정의 보고는 기록으로 끝나지만, 정치의 책임은 사람의 눈으로 확인될 때 비로소 완성됩니다.

정치는 현장에서 자랍니다. 그곳에는 시민의 체온이 있고, 삶의 숨결이 있습니다. 그래서 저는 늘 노트를 들고 다닙니다. 골목에서 만난 민원, 학부모의 건의, 복지관 어르신의 짧은 하소연까지 빠짐없이 적어 둡니다. 그리고 회의장으로 돌아가면 그 메모를 하나씩 조례나 예산으로 바꿉니다. 그 노트는 제게 단순한 기록장이 아니라, 광진의 오늘을 증언하는 일기장이 되었습니다. 행정의 데이터보다 더 생생한 보고서, 그게 바로 현장이었습니다.

행정은 절차를 따져가며 시스템으로 움직이지만, 정치는 마음의 이유를 따지며 사람의 체온으로 움직입니다. 그래서 저는 늘 머리로 판단하고, 가슴으로 결정하려 합니다. 정치는 차가운 계산이 아니라, 따뜻한 확신에서 시작되어야 한다고 믿기 때문에, 머리가 판단을 내리면 가슴이 그 판단의 구체적인 방향을 정해야 합니다. 그 균형을 잃으면 정치에는 제도만 남고, 사람은 사라질 것입니다. 그렇기에 정치는 말이 아니라, 사람의 온도에서 시작된다고 여전히 믿습니다.

현장에서 배운 그 마음을 잊지 않는다면, 정치는 언제나 인간적인 얼굴을 가질 수 있습니다. 그 얼굴이 미소 지으면 결국엔 정치도 웃습니다. 그 미소를 지키기 위해, 힘을 내고 한 걸음 한 걸음 내딛습니다.

1부

정치의 시작,
사람의 마음에서

철학과 신념의 기원
"정치는 결국 사람이다."

1장 ● 정치의 시작, 사람의 마음에서

들판에서 시작된 책임, 광장에서 피어난 의식

저는 1964년 경북 영천의 작은 시골 마을에서 태어났습니다.

아침이면 금호강의 물안개가 들판 위를 덮었고, 저 멀리 구름에 가려있던 금박산에 햇살이 닿으면 조금씩 모습을 드러내는 광경은 언제나 눈에 선합니다. 그 산을 바라보며 자란 어린 시절의 저는, 세상은 그저 그렇게 조용하고 단단한 줄만 알았습니다.

아침이면 논두렁길을 따라 걸어서 학교에 갔습니다. 왕복 10킬로미터 남짓한 먼 길이었지만, 어린 마음엔 그것이 마치 세상을 건너는 일처럼 멀고도 컸습니다. 비가 내리는 날이면 신발이 흙탕물에 빠져 벗겨지기 일쑤였고, 겨울이면 눈이 얼어붙은 땅 위에서 미끄러져 무릎을 다치기도 다반사였지만, 그래도 그 길을 멈춘 적은 없었습니다. 포기하지 않고 끝까지 걸어가야만 학교에 도착할 수 있었으니까요. 그때 저는 책임이라는 말을 몰랐지만 어쩌면 그 길 위에서 책임을 배웠는지도 모르겠습니다. 비가 와도, 바람이 불어도, 대신 걸어줄 사람은 없다는 걸 잘 알았으니까요. 누구도 저 대신 학용품을 챙겨주지 않았고, 저를 위해 아침잠을 포기해 줄 사람도 없었습니다. 책임이란 누가 시켜서 하는 게 아니라 스스로 짊어지는 것이라는 걸, 저는 어린 나이에 이미 몸으로 배운 셈이었습니다.

집안 형편도 전혀 넉넉지 않았습니다. 새벽이면 어머니는 밭으로 나가셨고, 아버지는 손에 흙을 묻히며 하루를 시작하셨습니다. 저는 4남매의 맏이로서 늘 조금 일찍 일어나야 했습니다. 어머니의 일손을 돕고, 동생들의 밥그릇을 챙기는 걸로 매일 하루하루를 시작해야 했으니까요. 그때는 몰랐지만, 그때 그 시간들이 저를 지금의 마음가짐으로 만들었습니다. 책임이라는 단어는 그때부터 제 마음속 깊이 새겨졌습니다. 누군가를 대신 챙기는 일, 내 몫을 넘어서서 다른 사람을 살피는 일, 그것이 제게는 당연한 삶의 태도였습니다.

시골에서 자라며 저는 세상에 대한 호기심을 키웠습니다. 밟고 다니던 들판과 우러러보던 하늘, 그리고 제 주변의 사람들을 통해 학교에서 배운 교과서보다 더 많은 걸 배웠습니다. 모내기철이 되면 마을 어른들이 논둑 위에서 나누던 이야기가 제게는 세상 공부였습니다. 가난하다는 건 부끄러운 일이 아니었습니다.

다만, 가난을 핑계로 게으름을 부리는 건 부끄러운 일이라고 어른들은 말씀하셨습니다. 그 말이 제게는 인생의 첫 가르침이었습니다. '어려워도 멈추지 말자. 힘들어도 포기하지 말자'는 그 마음이 결국 지금까지 제 삶을 지탱해 온 힘이 되었습니다.

서울로 올라와 대학에 입학했을 때, 저는 처음으로 세상의 크기를 실감했습니다. 시골의 좁은 울타리를 벗어나니 세상은 훨씬 넓고, 사람들의 생각은 더욱 다양했습니다. 그러나 그 넓음만큼이나 답답한 현실도 함께 있었습니다. 1980년대 캠퍼스는 언제나 긴장으로 가득했습니다. 강의실 창문 너머로 들려오는 함성, 교문 앞에서 나눠지던 유인물, 그리고 그 모든 것 위에 피어오르던 최루탄 냄새 속에서 처음으로 '정의'라는 단어를 생각했습니다. 누군가의 희생과 눈물로 만들어지는 자유가 있다는 걸, 그때 처음 알았습니다. 처음엔 그저 지켜보는 사람이었습니다. "저 사람들은 왜 저렇게까지 싸울까?"라는, 그 의문이 저를 광장으로 이끌었습니다. 그리고 이내 깨달았습니다. 정치는 누가 가르쳐주는 것이 아니고, 누군가의 고통 앞에서 마음이 움직일 때 시작된다는 것이라는 사실을요. 저는 어느 날부터인가 구호를 외치는 사람들 속에 서 있었습니다. 피켓을 들고, 친구의 팔을 부축하고, 체포된 학우의 가족에게 위로의 말을 전하며, 정치란 권력의 언어가 아니라 사람의 언어라는 사실을 배우기 시작했습니다.

저는 이념보다 사람을 먼저 보았습니다. 누군가의 억울함, 누군가의 절망, 누군가의 분노 속에서 정치의 본질이 멀리 있지 않다는 걸 느꼈습니다. 그때 만난 수많은 사람들의 얼굴이 지금도 떠오릅니다. 누군가는 목소리를 잃었고, 누군가는 꿈을 잃었지만, 그럼에도 서로의 손을 놓지 않았습니다. 그 연대의 마음이 제 정치의 출발점이었습니다. 정치는 거대한 담론보다도, 결국 사람과 사람의 손을 맞잡는 일이라는 걸 그때부터 배웠습니다. 사실 돌이켜보면 그때 저는 앞장서서 연설을 하거나 단체를 이끈 적도 없었고, 그렇다고 거창한 직책이나 역할을 맡은 것도 아니었습니다. 그저 늘 뒤에서 사람들을 챙기고, 다친 친구를 부축하고, 연행된 동료의 가족을 위로하는 역할이 제가 할 일이라고, 다만 여기고 실천했습니다. 그러나 그 과정에서 저는 사람을 향한 책임감, 그게 바로 정치의 씨앗이라는 것을 배웠으며 세상을 바꾸는 일은 거대한 힘이 아닌, 누군가를 끝까지 믿어주는 마음에서 시작된다는 것이라는 확신이 섰습니다.

정치란 결국 사람의 이야기입니다. 권력이나 명예가 아니라, 누군가의 눈물과 웃음을 함께 기억하는 일. 그게 정치의 본모습이라고 믿습니다. 그때의 경험은 제 안에 평생 지워지지 않을 각인처럼 남았습니다. 정치의 길을 걸으면서 어려움이 닥칠 때마다 저는 그때의 광장, 그때의 바람, 그때의 목소리를 떠올립니다. 그리고 "다시 초심으로 돌아가자. 정치는 결국 사람의 마음에서 시작된다."라고 다짐합니다. 그래서 지금도 저는 스스로에게 묻습니다. 내가 하는 말 한마디, 결정을 내리는 한 줄이 누군가의 삶을 바꾸는 일이라면, 나는 과연 그 마음을 잊지 않고 있는가. 그 질문이 저를 붙잡고 있습니다.

들판에서 배운 책임감이 제 몸의 뼈대가 되었다면, 광장에서 배운 연대의 정신은 제 정치의 심장이 되었습니다. 저는 오늘도 그 심장 박동을 느끼며, 사람 속으로, 현장 속으로 걸어 다닙니다. 정치는 머리로 하는 일이 아니라, 사람의 온기를 잃지 않는 마음으로 하는 일임을, 저는 여전히 그렇게 믿고 있습니다.

청년의 가슴에
민주주의를 새기다

시골에서 자라온 저는 세상이 늘 단순하다고 믿었습니다. 밭의 흙은 거짓말을 하지 않고, 비가 와서 젖은 흙은 해가 뜨면 다시 마르는 것처럼, 사람의 마음도 그저 좋으면 웃고, 미우면 돌아서면 되는 줄로만 알았습니다. 그런데 서울로 올라와 대학에 입학하던 해, 세상은 그렇게 단순하지 않다는 걸 처음 느꼈습니다. 교정 안에는 수많은 사람들이 있었고, 그만큼 다양한 목소리들이 있었습니다. 누군가는 자유를 외쳤고, 누군가는 침묵을 택했습니다. 그 모든 게 정답일 수 있다는 걸 그때는 몰랐습니다. 그 당시 학교는 단순한 배움의 공간이 아니었습니다. 시대의 모순이 가장 먼저 도착하는 곳이었고, 청춘의 불안과 열망이 가장 짙게 타오르던 곳이었습니다. 도서관 창문을 열면, 교문 앞에서 울려

퍼지는 구호와 함께 최루탄 냄새가 들어왔습니다. 그건 누군가의 절규이자 누군가의 분노였으며, 누군가의 이름이기도 한 냄새들이 바람에 실려 날아오는 그곳에선 책을 펼쳐도 눈에 들어오지 않았습니다.

그 시절의 하늘은 잿빛이었지만, 그 잿빛 속에서 오히려 '빛'이라는 단어의 의미를 그때 깨달았단 생각이 듭니다. 민주주의란 어느 날 갑자기 주어진 제도가 아니라, 사람들이 자신들의 권리를 찾기 위해 몸으로, 삶으로, 고통으로 만들어 온 역사라는 것도 그때 깨닫게 됩니다. 저는 그저 조용한 학생 그 자체였습니다. 무리에서 앞장서 구호를 외치지도 않았고, 단상 위에 오른 적도 없습니다. 다만 그 자리에 서 있었습니다. 그 자리에 서서, 다른 사람의 떨리는 손을 보았고, 눈을 감고 흐느끼는 친구의 어깨를 감쌌습니다. 누군가가 돌에 맞아 피를 흘릴 때, 곁에서 손수건을 내밀던 그 순간들이 제게는 수업보다 더 깊은 가르침이었습니다.

그때 알았습니다. 정치란 거대한 연설보다, 쓰러진 사람 옆에 무릎 꿇는 마음에서 시작된다는 걸.

저는 광장에서 '민주주의'를 배웠지만, 그 의미를 완전히 이해하기까지는 오랜 시간이 걸렸습니다. 그것은 단순히 '국가의 제도'가 아니라 '사람의 관계'이자, 서로 다른 생각을 가진 사람들이 함께 살아가기 위해 만들어 낸 약속이라는 걸 알게 됩니다. 그 약속은 책이 아닌 사람과 사람 사이에서 태어난다는 것 또한 이해하게 되면서 정치란 권력의 언어가 아니라 사람의 언어라는 걸 몸으로 배웠습니다. 누군가의 목소리를 대변하고, 침묵 당한 사람의 마음을 세상에 들려주는 일, 그것이 제가 처음 마주한 정치의 본모습이었습니다.

졸업 후 저는 영어를 가르치기 시작했습니다. 처음에는 생계를 위한 선택이었지만, 가르치는 일은 제게 또 다른 세상을 열어주었습니다. 강의실에서 학생들을 마주하면, 그들의 눈빛 속에 숨어있는 수많은 이야기를 언제나 가슴에 담았습니다. 어떤 아이는 부모의 형편에 따라 다른 교재를 펴고, 누군가는 밤늦게까지 아르바이트를 하다 겨우 잠든 눈으로 수업을 듣는, 그 표정들 하나하나 속에서 우리 사회의 구조를 목도하였습니다. 출발선이 다르면 결과도 달라질 수밖에 없다는 냉정한 현실과 배움이 평등하지 않다면 인생 또한 평등할 수 없다는 현실. 교육이야말로 정치를 가장 현실적으로 보여주는 얼굴이라는 것을 가슴 깊숙하게 깨달았던 시간이었습니다.

아이들이 배우는 것은 단순한 문법이 아니라 세상을 바라보는 언어였습니다. 배움은 단어의 나열이 아닌 자신을 믿는 법을 배우는 과정인데도, 사회는 그 기회를 모두에게 공평하게 주지 않았습니다. 누군가는 사교육의 힘으로, 누군가는 부모의 경제력으로, 누군가는 단지 운으로 기회를 얻게 되는 그러한 현실 앞에서 저는 자주 무력했습니다. 그러나 동시에, 언젠가는 이런 구조를 바꾸는 일을 해야 한다는 생각이 자리를 잡게 됩니다. 그때는 그것이 정치로 이어질 거라고는 상상하지 못했지만, 가르치는 사람으로서 아이들에게 공정한 출발선을 만들어주고 싶었습니다. 그 소망이 세월을 건너 지금까지 제 마음의 한가운데를 차지하고 있습니다.

그 무렵, 김영춘을 만났습니다. 대학 시절부터 이어진 인연이었지만, 정치인으로서 그는 또 다른 세계에 있었습니다. 그는 권위적인 사람이 아니었습니다. 항상 현장에서 답을 찾으려 했고, 사람을 먼저 보았고, 시대정신이 가득했습니다. 저는 정치가 행정의 절차가 아니라 '마음의 순서'라는 걸 배우게 됩니다. "정치란 사람의 문제를 해결하는 거야. 사람을 설득하려면, 먼저 그 사람의 사정을 알아야 한다." 그의 말은 제 인생의 방향을 바꿉니다. 그는 세상을 바꾸는 건 결코 거창한 구호가 아니라 누군가의 삶 속에 들어가, 그 고통의 무게를 함께 견디는 일이라고 했습니다. 그때 저는 정치가 이념의 싸움이 아니라 '관계의 회복'이라는 것을 알았습니다. 그리고 그 생각은 지금까지 제 정치의 뿌리가 되었습니다. 그와 함께하며 저는 수많은 사람을 만났습니다. 민원을 제기하는 어르신, 서류 앞에서 눈물짓던 상인들, 억울함을 토로하던 시민들 등등 모든 분들의 이야기가 제게 정치의 언어를 가르쳐 주었습니다. 그들의 사정을 귀 기울여 듣고, 해결의 길을 함께 찾아주는 일, 그 단순하지만 어려운 일을 반복하는 것이 제게 있어 정치의 의미입니다. 그 시절 저는 하루하루를 기록했습니다. 만난 사람, 들은 이야기, 해결되지 않은 민원 등등 모든 것들을 빠짐없이 적었습니다. 그 노트는 훗날 제가 광진구의회 의원에 출마할 때부터 지금껏 정책의 뿌리가 되고 있습니다. 민주주의는 결국 '사람의 기록' 속에서 완성된다는 걸 저는 본능적으로 알고 있었던 것 같습니다. 그 노트 속에는 이렇다 할 구호도 보기 좋은 명언도 없습니다. 오직 사람의 이름과 사연만이 적혀 있을 뿐입니다. 그게 제가 세상에 남기고 싶은 정치의 흔적이기도 합니다.

청년 시절, 저는 완벽히 세상을 이해하지 못했습니다. 하지만 분명히 알고 있던 건 사람을 잃은 정치에는 미래가 없다는 그 믿음이 지금의 저를 만들었습니다. 그때 가슴에 새겼던 민주주의는 이제 제 삶의 체질이 되었습니다. 민주주의는 투표의 순간이 아닌 사람의 일상을 얼마나 존중하느냐의 문제이며, 그렇기 때문에 정치는 결국 마음의 언어입니다. 말을 하기 전에, 사람의 온도를 먼저 느낄 줄 아는 것이 정치의 시작이며, 제가 여전히 지키고자 하는 신념입니다. 돌아보면 그 젊은 날의 질문과 고뇌, 불안과 열정이 모두 헛되지 않았다고 생각합니다. 그것들은 시간이 지나며 제 안에서 '철학'으로 변했습니다.

정치는 결국 사람의 문제를 해결하는 일이란 믿음은 세월이 가도 퇴색되지 않은 채, 오히려 나이가 들수록 그때의 불완전한 청춘이 제게 더 깊은 방향을 가르쳐주고 있습니다. '그때의 나처럼, 지금도 나는 누군가의 아픔 앞에 멈춰 설 수 있는가.' 오늘도 제가 제게 묻는 그 질문이 정치를 멈추지 못하게 합니다. 민주주의는 여전히 제 안에서 자라고 있습니다. 그것은 완성된 신념이 아니라, 매일 새롭게 배워야 하는 삶의 자세이기 때문입니다. 청년의 가슴에 새긴 민주주의는 이제 한 사람의 정치인으로 제 몸 안에서 뛰고 있습니다.

사람 중심 정치의
씨앗을 틔운 시간

'정치가 언제부터 내 인생이 되었을까?' 저는 지금도 종종 스스로에게 묻곤 합니다. 그 시작은 거창한 결단이 아니라, 아주 사소한 한순간이었습니다. 2002년도, 당시 서른여덟 살이었던 저는 대학 선배이자 정치의 길을 먼저 걷고 있던 김영춘 의원의 권유로 광진구의회 의원 선거에 처음 도전했습니다. 정치가 무엇인지 제대로 배우기도 전에, 그저 "사람을 위해 일하고 싶다"는 마음 하나로 뛰어든 무모한 청년 그 자체였습니다. 결과는 낙선. 비록 그 마음은 진심이라 해도, 세상이 움직여주지 않으면 허상에 불과하다는 말 또한 그때 깨닫게 됩니다. 40%에 가까운 득표를 얻고도 고개를 숙인, 힘들었던 순간이었습니다. 처음엔 세상이 나를 몰라준다고 생각했지만 시간이 지나면서 정치는 '이기고 지는 게임'이 아니라, 사람의 신뢰를 얻는 대단히 긴 여정이라는 것을 깨달으면서, 표를 얻지 못한 게 아닌 주민들의 마음속으로 충분히 들어가지 못했다는 걸 인정해야 했습니다. 개표 결과를 접한 직후, 사무실 불을 끄고 홀로 앉아 창밖 밤거리를 보며 "표를 얻기보다, 신뢰를 쌓자. 사람을 얻지 못한 정치엔 의미가 없다."라는 다짐을 했습니다. 그날 밤 그 다짐이 제 정치 인생의 방향을 완전히 바꾸게 됩니다.

그 후로 12년, 저는 '선거' 대신 '현장'을 택했습니다. 뿌리내리고 살던 내 동네 중곡동을 당연히 떠나지 않았고, 광진구 곳곳의 골목을 돌며 주민 여러분들을 만났습니다. 시장 어귀의 노점상과 인사를 나누고, 학부모회의 뒤편에서 조용히 이야기를 들었습니다. 정치인이 아닌, 이웃의 마음으로 다가가려 했던 시간이었습니다. "왜 아직도 지역을 지키고 있느냐"는 누군가의 물음엔 "정치는 결국 사람의 시간 속에서 완성되는 일입니다."라고 답했습니다. 12년은 길기도 했지만, 결코 헛된 시간이 아니었습니다. 처음에는 말을 많이 해야 정치인이라 생각했던 저는 '듣는 법'을 배우게 됩니다. 말보다 중요한 건 '경청'입니다. 사람의 목소리는 겉으로 들리는 말보다 그 뒤에 있는 사정과 감정에 담겨 있었습니다. 그걸 이해하려면 먼저 조용히 있을 줄 알아야 했습니다. 말을 줄이고, 눈을 맞추고, 손을 잡는 행동들이 상대방의 일상으로 들어가는 일이자 진짜 정치라는 걸, 현장에서 배웠습니다.

그렇게 12년을 보낸 2014년, 다시 선거에 나서게 됩니다. 이번엔 승부보다 과정이 중요했습니다. 골목골목을 샅샅이 걸으며 한 분한분의 손을 잡고 인사드렸습니다. 주민들의 삶 속에서 일하고 싶다는 마음으로, '소외된 민생을 살뜰히 챙기고 풀뿌리 지방자치를 확실히 바꾸겠다'는 캐치프레이즈로 나선 그 진심이 통했는지, 이번에는 문이 열렸습니다. 당선 확정 순간, 저는 정치가 단순히 자리를 차지하는 일이 아니라, 누군가의 삶을 함께 짊어지는 일이라는 걸 온몸으로 느끼면서 "의원이란 직함보다 중요한 건, 사람의 이름을 기억하는 일이다."라고 스스로에게 다짐했습니다.

저는 주민의 일상을 다시 배웠습니다. 복지관의 어르신이 주신 짧은 민원 메모 한 장, 아이들의 통학로에 박힌 깨진 보도블록 하나, 시장 상인의 낡은 천막 위로 스며드는 빗물까지. 모두 누군가의 하루였습니다. 그 하루를 바꾸는 게 정치라면, 정치는 결코 거대한 구호가 아니라, 생활의 세밀한 언어여야 했습니다. 회의장에서 오가는 수많은 안건들과 숫자 뒤에는 늘 사람의 얼굴이 있었습니다. 예산의 한 줄이 어르신의 복지로, 조례안의 한 항목이 아이들의 안전으로 이어진다는 걸 언제나 망각하지 않으려고 합니다. 정치는 결국 숫자를 사람의 언어로 번역하는 일이라는 걸, 매 순간 되새겼습니다.

그렇게 4년의 광진구의회 의원 임기를 마치고, 저는 한 걸음 더 나아가 2018년 지방선거에서 서울시의회 의원으로 당선되어

시정이라는 더 큰 무대를 마주하게 됩니다. 서울시 예산은 연간 수십조 원입니다. 당연히 저는 또 다른 책임의 무게를 느꼈습니다. 아이들의 무상급식, 청년 일자리, 어르신 돌봄, 장애인 복지, 그 모든 것이 예산의 결정 한 줄에서 시작되었습니다. 그때 저는 정치는 곧 '책임의 예술'이라는 것을 배우게 됩니다. 그 책임을 두려워하지 않는 용기야말로 정치인의 가장 큰 자산이라는 것. 하지만 아무리 앉아 있는 자리가 커져도 전병주의 정치는 여전히 '사람 중심'이었습니다. 서류와 숫자 사이에서 잊지 않으려 한 건 늘 사람의 체온입니다. 책임이 커질수록 사람의 목소리를 더 가까이 들어야 한다는 걸 알고 있었기 때문입니다. 그래서 저는 "정치는 행정의 절차가 아니라, 마음의 순서입니다."라고 어디서나 자신 있게 말합니다.

돌아보면 제 정치의 씨앗은, 그때의 낙선과 기다림, 그리고 12년 동안의 현장 속에서 이미 싹트고 있었습니다. 사람을 향한 마음이 씨앗이었고, 신뢰를 쌓는 과정이 햇살이었으며, 주민의 믿음이 그 싹을 키워준 빗물이었습니다. 정치는 한 번의 선거로 완성되는 게 아니라, 사람의 시간 속에서 자라나는 나무 같습니다. 그리고 그 나무는 지금도 자라고 있습니다. 언제나 사람 곁에서, 사람의 이야기를 품으며, 오늘도 조용히, 그리고 단단하게 뿌리를 내리고 있습니다.

2장 ● 신념의 뿌리 - 김대중에게 배우다

고난 속에서
민주주의를 일으킨 사람

정치의 길을 걸으며, 저는 종종 '신념'이라는 단어의 무게를 생각합니다. 그것은 말로 세우는 구호가 아니라, 끝까지 감당해야 하는 운명에 가깝습니다. 김대중 대통령은 그 신념의 무게를 온몸으로 견뎌낸 정치인이었습니다. 그의 이름은 한 시대의 이름이었고, 그의 생애는 한국 민주주의의 성장통 그 자체였습니다. 독재의 서슬이 시퍼렇던 시절에도 그는 '국민이 주인인 나라'를 꿈꿔왔습니다. 그 꿈은 누군가에게는 이상처럼 보였겠지만, 그에게는 신앙이었습니다. 그리고 그는 그 신앙을 위해 평생을 내어놓았습니다.

김대중은 세 번의 죽음 앞에 섰습니다. 납치, 투옥, 그리고 정치적 추락. 그때마다 그는 절망 대신 희망을 이야기했습니다. 사람은 절망 속에서도 꿈꿀 수 있을 때 진짜 인간답다는 걸, 말이 아닌 행동으로 증명했습니다. 그러한 신념은 완벽한 계획에서 비롯된 것이 아니라, 부서지고 다시 일어서는 반복 속에서 단단해진 것이었습니다. 그의 삶을 따라가다 보면, 정치는 얼마나 고통스러운 길인지 새삼 깨닫게 됩니다. 그러나 김대중은 정치를 권력의 수단으로 삼지 않았습니다. 그에게 정치는 국민의 고통을 덜어주는 기술이자, 사람의 존엄을 지켜주는 실천이었습니다. 그는 시대가 버린 사람들과 함께했고, 가난한 이들의 편에 서서 목소리를 냈습니다. 그의 삶은 민주주의의 교과서였고, 그의 언어는 언제나 인간의 존엄을 향해 있었습니다.

저는 대학 시절 TV 화면을 통해 연설하는 그의 모습을 처음 보았습니다. "이 나라의 민주주의는 반드시 국민의 손으로 완성될 것입니다." 그 순간 저는, 정치는 타협의 결과물이 아니라, 두려움과 맞서는 양심의 실천이라는 것을 깨닫고 그 문장을 제 마음에 새겼습니다. 김대중의 정치가 위대한 이유는 그가 승리했기 때문이 아니라 패배 속에서도 신념을 잃지 않았기 때문입니다.

그의 길은 외로웠습니다. 가까운 이들조차 등을 돌렸고, 동지들은 현실과 이상 사이에서 흔들렸습니다. 그는 수없이 배신당하고 조롱당했지만, 그는 '정치는 사랑'이라고 하면서 끝내 복수하지 않았습니다. 그 말은 처음에는 낯설었지만, 지금의 저는 그 말이 정치의 본질을 꿰뚫고 있음을 조금은 알 것 같습니다. 미움으로 굴러가는 사회는 언젠가 멈춰버립니다. 사람을 향한 애정이 사라진 정치에는 미래가 없습니다. 김대중은 그것을 알았기에 끝까지 화해를 선택했고, 싸움이 아닌 포용, 분열이 아닌 연대로 민주주의를 일으켰습니다. 그의 삶은 한 인간의 신념이 어떻게 역사가 되는지를 보여주는 이야기였습니다.

그는 감옥에서도, 망명지에서도, 낙선의 무대에서도 늘 같은 말을 반복했습니다. "우리 국민을 믿습니다." 그 믿음은 구호가 아니라 존재였습니다. 그의 고난이 있었기에 이 나라의 민주주의가 궤도를 잡았고, 그의 고통이 있었기에 민주주의의 토양에 지방자치의 씨앗이 뿌려지고 뿌리를 내릴 수 있던 것입니다. 그는 고난을 견디며 민주주의를 '이룬' 사람이 아닌, 고난 속에서 민주주의를 '만든' 사람입니다.

그의 이야기를 떠올릴 때면, 저는 자연스럽게 또 한 명의 지도자를 떠올립니다. 남아프리카공화국의 넬슨 만델라. 두 사람은 시대와 대륙은 달랐지만, 고난을 통해 인간을 믿은 정치의 길에서 너무나 닮아 있었습니다. 만델라는 27년의 수감생활 끝에 세상으로 돌아왔습니다. 그의 앞에도 분노와 복수의 선택지가 있었지만, 그는 전혀 다른 길을 걸었습니다. 1994년 5월, 대통령 취임식에서 그는 이렇게 말했습니다. "이제 상처 입은 사람들을 치료해 줄 시간이 왔습니다. 이제 우리를 갈라놓은 균열 위에 다리를 놓을 때가 왔습니다." 그의 목소리는 단호했지만 따뜻했고, 그 연설은 단 한 문장으로 세계의 마음을 움직였습니다. 복수가 아닌 용서, 지배가 아닌 공존, 그것이 만델라가 선택한 민주주의였습니다.

김대중과 만델라는 인간을 향한 신뢰, 그리고 화해의 용기를 공유했습니다. 두 사람 모두 자신을 억압한 세력에게 복수하지 않았습니다. 그들은 고난을 개인의 비극으로 남기지 않았고, 민주주의의 언어로 승화시켰습니다. 김대중이 감옥에서 국민을 믿었다면, 만델라는 감옥에서 인류를 믿었습니다. 두 사람 모두 인간은 다시 선해질 수 있다고 말했습니다. 그 믿음이야말로 민주주의의 가장 깊은 뿌리입니다. 만델라의 취임 연설은 단순한 정치적 선언이 아닌 인간의 언어 그 자체였습니다. 그는 자신을 '남아프리카공화국의 평범한 국민'이라 소개하며 자신을 구원자가 아닌 국민의 일부로 위치시켰습니다. '모든 이에게 일과 빵, 물과 소금을 안겨주자'는 외침은, 민주주의가 단지 제도의 문제가 아닌 사람의 삶과 존엄에 닿아야 한다는 선언이었습니다.

김대중 역시 정치적 해방을 넘어 경제적·사회적 해방을 꿈꿨습니다. 그는 '정치는 밥의 문제'라고 했습니다. 그에게 민주주의는 투표의 절차가 아니라, 가난한 사람의 식탁 위에 놓이는 현실이었습니다. 그는 정치의 목적을 국민의 삶으로 되돌렸고, 그 점에서 두 사람은 완벽히 닮아 있었습니다. 만델라는 인종차별의 벽을, 김대중은 이념과 지역의 벽을 넘어섰습니다. 그들의 민주주의는 싸움의 끝에서 얻은 승리가 아니라, 상처 위에 세운 새로운 시작이었습니다. 그들은 권력의 정점을 인간의 온도로 채웠고, 국민을 신뢰함으로써 국가를 치유했습니다. 이렇게 김대중은 국민의 신뢰로 한국 민주주의의 뿌리를 세웠고, 만델라는 인류의 양심으로 남아공을 다시 태어나게 했습니다. 그들의 고난은 단지 개인의 시련이 아니라 시대 전체가 치러야 했던 대가였다고 두 사람 스스로가 증명해냈습니다. 정치는 완벽한 사람이 하는 일이 아니기 때문에, 이기는 기술이 아니라 넘어졌을 때 다시 일어나는 용기이며, 상처를 남기는 일이 아니라 상처를 치유하는 것이란 걸 깨닫습니다.

정치는 언제나 현실의 언어로 가득하지만, 그 속에서도 사람을 향한 믿음만은 흔들리지 않아야 합니다. 저는 두 사람의 길을 따라 배웁니다. 정치는 타협의 기술이 아니라, 고난 속에서도 인간을 신뢰할 수 있는 용기라는 것을요. 김대중이 한국의 민주주의를 세웠다면, 만델라는 인류의 양심을 일으켜 세웠습니다. 그들이 몸으로 증명한, '정치는 사람을 닮을 때 가장 강하다'는 말을 저는 늘 가슴에 새깁니다. 김대중의 신념은 결코 말에 머물지 않고 언제나 자신이 믿는 바를 행동으로 옮겼습니다. 그는 꾸밈과 계산 없이 오직 시대가 요구하는 책임 앞에서 자신을 던지는 사람이었습니다. 그의 삶은 철학으로 시작해 실천으로 완성된, 곧 '행동하는 신념'의 여정이었습니다. 그 길이 있었기에 우리는 오늘 민주주의를 일상에서 누릴 수 있습니다.

그리고 그 길의 정신은, 한 사람의 정치인으로 살아가는 제 안에서 여전히 숨 쉬고 있습니다.

단식 13일,
지방자치의 문을 열다

1990년 11월, 여의도 한복판에서 한 남자가 조용히 단식에 들어갔습니다. 거창한 구호도, 거칠게 들리는 함성도 없는 그의 요구는 그저 단 한 가지, '지방자치를 다시 시행하라' 것. 그는 김대중이었습니다. 단식은 무려 13일이나 이어졌고, 결국 그렇게 대한민국의 민주주의는 한 걸음 더 앞으로 나아갔습니다.

그 시절, 지방자치는 '금지된 단어'였습니다. 군사정권은 국민이 직접 지방의원과 단체장을 뽑는 일을 위험하다고 여기면서, '중앙이 통제해야 나라가 안정된다'는 명분으로 지방정부는 행정 말단으로만 존재했습니다. 그러나 김대중은 생각이 달랐습니다. '진정한 민주주의는 중앙의 권력을 나누는 데서 시작된다'고 믿었기 때문입니다. 지역의 문제는 지역이 해결해야 하고, 주민의 삶은 주민이 결정해야 한다는 단순하고도 분명한 믿음이 있었기 때문에, 그 믿음 하나로 그는 생명을 건 단식을 선택했습니다.

13일간의 단식은 단순한 항의가 아니었습니다. 그는 몸으로 중앙집권의 벽을 두드렸습니다. 당시 여당과 정부는 '단식으로 제도가 바뀔 리 없다'고 냉소했습니다. 그러나 그들의 오판은 오래가지 않았습니다. 김대중의 단식은 곧 국민들의 마음에 불을 붙였습니다. 서울의 대학가에서, 전국의 교회와 사찰에서, 그리고 이름 없는 마을의 주민들 사이에서 '우리 사는 곳을 우리 손으로 다스리자'는 목소리가 번져나갔습니다. 그렇게 단식 13일째, 정부는 결국 지방자치 부활을 약속했습니다. 그로부터 1년 뒤인 1991년에 지방의회 선거가 30년 만에 재개되었으며, 1995년 마침내 시·도지사와 시장·군수·구청장을 우리가 직접 뽑는 시대를 맞이했습니다. 당시 선출된 지방의원과 단체장은 모두 5,756명이었습니다. 그 숫자는 단순한 통계가 아니라, 이 땅의 자치와 참여를 향한 국민의 첫걸음이었습니다. 그리고 그 씨앗은 지금까지 이어져 2022년 제8회 전국동시지방선거에서는 4,125명의 지방의원과 226명의 기초·광역단체장, 이렇게 총 4,351명을 우리 손으로 직접 선출하는 시대가 되었습니다. 김대중의 단식이 없었다면 불가능했을 일입니다.

그의 단식은 단지 지방자치제도의 부활이 아니라, "국민이 주권을 나누는 새로운 민주주의"의 시작이었습니다.

그가 단식 중에 했다고 전해진 말인 '민주주의는 중앙에서 내려주는 시혜가 아니라, 아래로부터 솟구치는 생명'이라는 그 말은 지금도 제 가슴에 남아 있습니다. 정치는 명령이 아니라 참여의 과정이며, 권력이 아니라 책임의 연속이라는 것을 김대중은 몸으로 그 사실을 증명해 내고 말았습니다.

저는 지방자치의 한 구성원으로서 그 단식의 의미를 자주 되새깁니다. 정치의 무게를 느낄 때마다, 그 13일을 상상합니다. 한 정치인이 자신의 생명을 걸고 지켜낸 그 가치를, 이제는 우리가 실천으로 이어가야 한다는 사명감 때문입니다. 김대중이 지방자치의 문을 열었다면, 우리는 그 문 안에서 진짜 '사람의 정치'를 만들어야 한다고 생각합니다. 지방자치는 행정의 분권이 아닌 사람의 정치입니다. 행정이 내려보내는 사업과 예산이 아닌 주민이 직접 결정하고 함께 참여하는 '생활의 민주주의'입니다. 그 정신이 바로 제가 걸어온 길의 밑바탕입니다. 정치는 책상 위에서 완성되지 않습니다. 정치는 골목길에서, 주민의 삶 속에서 피어납니다. 그것이 김대중이 단식으로 얻어낸 결실이 오늘날까지 의미를 잃지 않는 이유입니다.

"내 생명보다, 이 나라의 자치와 민주주의가 더 귀하다고 믿었다." 그는 단식 후 복귀 기자회견에서 이렇게 말했습니다. 그 말을 들었을 때, 저는 숨이 멎는 듯했습니다. 정치가 결국 누군가의 생명을 걸 만큼 가치 있는 일이라는 걸 그가 몸으로 증명했기 때문입니다. 그의 그러한 결기가 없었다면 지금의 지방의회, 지금의 생활정치도 존재하지 않았을 것입니다. 그렇기 때문에 저는 오늘도 그 단식의 의미를 제 정치의 원점으로 두고, 그 정신을 제 나름대로 이어가고 싶습니다. 김대중이 보여준 '지방의 민주주의'는 단지 제도의 문제가 아니라, 태도의 문제였습니다. 주민의 뜻을 존중하는 태도, 권력을 나누는 용기, 그리고 가장 약한 이들을 포용하는 마음. 그러한 태도가 제가 꿈꾸는 광진의 정치입니다. 김대중이 단식으로 지켜낸 '지방의 권리'가 오늘날 제가 실천하고자 하는 '생활정치'의 뿌리라고 감히 말할 수 있는 이유이기도 합니다. 정치는 거대한 담론보다, 주민의 하루를 바꾸는 디테일에서 완성됩니다. 아이의 통학로를 지키는 일, 시장 상인의 생계를 보호하는 일, 어르신의 복지관 의자를 바꾸는 일 등등의 모든 것이 지방자치의 실천이기 때문입니다.

그는 제게 '정치란, 국가의 운명을 논하는 일이 아니라 국민의 삶을 함께 책임지는 일'이라는 걸 가르쳐주었습니다. 단식으로 시작된 지방자치는 이제 우리 손에 달린 현실이 되었습니다. 김대중이 몸으로 연 민주주의의 문, 그 문을 닫지 않는 것이 후배 정치인의 의무입니다. 저는 그 문턱에서 서성이지 않으려고 언제나 노력합니다. 그리고 그 문 안으로 들어가, 사람의 목소리로 채워진 지방의 정치를 실천하겠습니다. 그것이 김대중이 제게 남긴 가장 큰 숙제이자, 제가 평생 지키고자 하는 신념으로 자리 잡았습니다.

지방자치는 결국 사람의 자치입니다. 그리고 그 사람의 중심에는 '신뢰'가 있습니다. 김대중 대통령이 보여준 것은 단지 제도의 부활이 아니라, 국민에 대한 신뢰였습니다. 그 신뢰를 오늘의 정치가 얼마나 지켜내고 있는가는 지금 우리 세대가 던져야 할 질문이기도 합니다. 저는 그 질문에 대한 답을 광진구에서, 주민들 속에서 다시 찾아보고 싶습니다. 아이의 웃음이 우리의 희망이 되고, 어르신의 안부가 복지의 기준이 되는 도시. 그것이 제가 꿈꾸는 진짜 지방자치의 모습입니다. 지방자치의 진정한 완성은 제도나 예산이 아니라 사람의 마음에 있습니다. 저는 오늘도 그 마음을 배우며 살아갑니다.

김대중이 민주주의를 위해 몸을 던졌다면, 저는 일상에서 그 민주주의를 지켜가려고 합니다. 그의 13일이 이 나라의 지방자치를 열었다면, 저의 하루하루는 광진의 민주주의를 완성하는 길이 되어야 한다고 믿기 때문입니다. 그 길 위에서 저는 여전히 배우고, 고민하고, 성장하고 있습니다. 그것이 김대중이 제게 남긴 신념이며, 제가 정치를 계속하는 이유입니다.

행동하는 양심으로
정치를 증명하다

　　김대중 대통령이 남긴 수많은 말들 중에서 제가 가장 깊이 새긴 건 '행동하는 양심이 되라'는 말입니다. 그는 언제나 '양심은 생각으로만 머무르면 안 되고, 행동해야 비로소 살아있는 양심이 된다'고 했습니다. 그 한 문장이 정치의 정의를 가장 간결하게 요약한다고 저는 믿고 있습니다. 정치는 신념을 말로 포장하는 일이 아니라, 행동으로 증명하는 일입니다. 김대중은 그 진리를 자신의 삶으로 보여준 사람이었습니다. 권력의 중심에 있으면서도 늘 약자의 편에 섰고, 억압의 시대에도 화해를 말했으며, 끝내는 자신을 희생하여 민주주의의 씨앗을 남겼습니다. 그의 정치가 시대를 움직일 수 있었던 이유는 단 하나, 그의 양심이 말이 아닌 행동으로 살아 있었기 때문입니다. 그에게 양심은 고결한 도덕

개념이 아니라 구체적인 실천의 언어였습니다.

그는 불의한 권력과 맞서며, 때로는 감옥에서, 때로는 망명지에서 '불의에 침묵하는 다수의 비겁함이 세상을 어둡게 만든다'는 말을 했습니다. 그 말은 단지 그 시대만의 외침이 아닙니다. 지금도 정치인은 늘 자기 안의 양심과 싸우고 있습니다. 정치는 타협의 기술이 아니라, 양심을 잃지 않는 사람의 의지에서 시작된다는 사실을 그는 온몸으로 증명해냈고, 저는 그에게서 '양심은 머리로 세우는 논리가 아니라, 행동으로 지켜야 하는 약속'이라는 것을 배웠습니다.

지금껏 수많은 예산과 정책을 다루면서 저는 그 약속이 얼마나 무거운 것인지를 매일 실감합니다. 의정활동의 현장은 언제나 숫자로 가득 차 있지만, 그 숫자 뒤에는 사람의 숨결이 있습니다. 복지 예산의 1억 원은 어르신의 든든한 식사 한 끼와 연결되어 있고, 교육 예산 10억 원은 아이들의 안전하고 쾌적한 교실과 맞닿아 있습니다. 그 사실을 잊는 순간 정치의 온두는 식어버립니다. 그래서 저는 언제나 그 숫자 하나하나에 사람의 얼굴을 떠올립니다. 행정의 효율보다 사람의 품격이 앞서야 한다는 믿음이 제가 말하는 '행동하는 양심'의 또 다른 이름입니다.

관내 복지관에 대한 운영비 조정을 논의하던 시기가 있었습니다. 행정의 효율성을 이유로 예산 일부를 줄이자는 의견이 제기되었지만, 저는 그 자리에서 '행정의 절약이 사람의 존엄을 침해해서는 안 된다'는 점을 분명히 했습니다. 단지 원칙을 내세운 게 아니라, 복지는 숫자가 아닌 사람의 삶이라는 믿음에서 비롯된 것이었습니다. 다행히도 예산은 지켜졌고, 지금도 복지관은 지역 어르신들이 매일 모여 따뜻한 식사를 나누는 쉼터로 남아 있습니다. 그 모습을 볼 때마다 저는 '행정의 효율보다 인간의 품격이 우선해야 한다'는 신념을 다시금 되새깁니다. 양심은 때로는 비효율로 보일지 모르지만, 시간이 지나고 나면 그게 가장 인간적인 결과였다는 걸 저는 그 경험을 통해 배웠습니다.

이렇듯 저는 김대중이 말한 '행동하는 양심'을 거창한 구호로 여기지 않습니다. 그것은 매일의 선택 속에서 드러나는 작은 용기입니다. 회의장에서 불합리한 안건에 반대의 뜻을 밝히는 일, 민원 현장에서 주민의 이야기를 끝까지 들어주는 일, 서류에 찍힌 도장이 아니라 사람의 표정을 보고 결정하는 일 등등 순간순간이 모여서 정치의 품격을 만듭니다. 그 품격이야말로 시민이 정치인을 신뢰하게 만드는 유일한 길이라고 믿습니다.

정치는 끝없는 시험대입니다. 타협과 유혹, 비난과 공격이 교차하는 그 속에서 양심을 지키는 일은 결코 쉽지 않습니다. 하지만 저는 그 길을 벗어나지 않으려 합니다. 양심은 사람을 지치게도 하지만, 동시에 사람을 단단하게 만듭니다. 그래서 정치가 흔들릴수록 저는 양심을 붙잡습니다. 그리고 그 약속을 지키는 것이 정치인의 존재 이유라고 믿습니다. 김대중이 보여준 양심의 정치와 실천의 정치는 저에게 '청렴'이라는 또 다른 단어로 이어졌습니다. 정치는 사람의 믿음으로 세워지는 것이지, 거래나 이익으로 유지되는 일이 아닙니다. 그 믿음을 잃는 순간 정치인은 더 이상 사람을 대표할 수 없습니다. 그렇기 때문에 저는 주민의 세금이 쓰이는 예산의 모든 항목 하나하나를 제 이름으로 확인하고 책임지려 했습니다.

서울시 교육위원으로 일하면서 저는 관내 학교의 교육환경 개선을 위해 서울시 교육청 예산 90억이 포함된 대규모 추경예산을 확보했습니다. 그 예산은 노후화된 학교 창문을 교체하고, 오래된 화장실을 새로 짓고, 교실의 조명을 밝히는 데 쓰였습니다. 행정적으로는 단순한 예산 집행처럼 보일지 모르지만, 그 현장에서 만난 아이들과 학부모의 표정은 그것이 결코 작은 변화가 아니었음을 증명했습니다. 깨끗한 교실에서 웃는 아이들을 볼 때마다, 숫자로 시작된 행정이 사람의 행복으로 완성될 수 있다는 사실을 다시금 실감했습니다.

지역의 골목길을 지키는 일에도 양심을 담았습니다. 중곡동 곳곳의 전선지중화 사업은 좁은 골목길의 뒤엉킨 전선들을 땅속에 묻는 건 안전을 위해 반드시 필요했지만, 동시에 상인들의 영업 손실과 공사기간 동안의 불편 또한 고려해야 하는 복잡한 과제를 품고 있었습니다. 저는 당시 현장을 수차례 방문하며 상인들과 직접 대화했고, 공사 일정과 통행 동선을 재조정해 결국 모두가 납득할 수 있는 결과를 만들어내고자 노력했습니다. 그리고 그 과정에서 저는, '양심은 말이 아니라 태도이며, 정치는 설득과 공감의 누적'이라는 것을 다시 한번 배웠습니다.

중곡문화체육센터의 시설 개선 역시 그런 태도에서 비롯된 일이었습니다. 예산 22억 7천만 원을 확보해 주민들이 편안하게 운동하고 문화생활을 즐길 수 있는 공간으로 새롭게 바꾼 그 사업은 단순한 행정 성과가 아니라, 주민과 약속을 지킨 결과였습니다. "의원님, 덕분에 겨울에도 따뜻하게 운동할 수 있게 됐어요." 어르신 한 분이 건네신 그 말이 저는 아직도 생생합니다. 그 한마디가 제겐 수많은 예산 보고서보다 더 큰 의미입니다.

행동하는 양심은 바로 그런 순간에 존재합니다. 누군가의 불편을 외면하지 않는 자세, 눈앞의 효율보다 사람의 편의를 먼저 생각하는 마음, 그것이 정치가 사람의 얼굴을 되찾는 길입니다. 저는 오늘도 그 길 위에 서 있습니다. 김대중 대통령이 권력의 정점에서조차 양심을 지켰듯, 광진의 현장에서 그 양심을 일상의 언어로 실천하고 싶습니다. 정치는 결국 얼마나 바르게 사느냐의 문제이며, 양심은 그 바름의 나침반입니다. 김대중 대통령이 민주주의를 위해 몸을 던졌다면, 저는 주민 여러분의 일상으로 들어가 그 민주주의를 지켜가고자 합니다. 김대중의 13일이 이 나라의 지방자치를 열었다면, 저의 하루하루는 우리 광진구의 민주주의를 완성하는 길이 되어야 한다고 믿습니다. 그 길 위에서 저는 여전히 배우고, 고민하고, 성장하고 있습니다. 그것이 김대중이 제게 남긴 신념이며, 제가 평생 붙잡고자 하는 '행동하는 양심'의 정치 그 자체입니다.

3장 ● 시민의 권리를 위하여
- 노무현에게 배우다

사람사는 세상, 정치의 가장 단순한 진심

저는 정치를 하면서 노무현 대통령이 남긴 '사람답게 사는 세상'이란 말의 무게를 여러 번 떠올렸습니다. 그 말은 너무 익숙해서 때로는 낡게 들릴 수도 있겠지만, 제 정치의 중심을 잡아주는 단 한 문장입니다. 그는 정치가 결국 사람의 일이고, 그 사람이 얼마나 존중받느냐의 문제라는 걸 몸으로 보여준 사람입니다. 그의 말처럼, 정치의 목적은 권력을 얻는 것이 아니라 사람의 삶을 지키는 일, 그 단순한 진심에 있습니다.

제가 처음 그를 보았던 건 TV 속 장면이었습니다. 국회 본회의장에서 당당히 단상에 서서 "저는 아무리 가난해도, 부패하지 않은 나라를 원합니다"라고 외치던 모습, 산재를 방관하는 기업가들과 위정자들의 태도에 분노하며 "너희 자식들 데려다 그렇게 시키라"며 사자후를 토해내던 모습은 그 시절의 저에겐 너무나 큰 충격이었습니다. 말투는 다듬어지지 않았지만 눈빛만은 누구보다 단단했던 그의 말들은, 정치의 언어라기보다 그야말로 생활의 언어였습니다. 그는 국민에게 거짓말하지 않겠다는 단순한 약속 하나로 정치를 인간의 자리로 돌려놓았습니다.

저는 그때 '정치란 기술이 아니라 진심의 총량이며, 그 진심이 쌓일 때 비로소 신뢰가 생긴다'는 것을 깨달았습니다. 노무현은 늘 '권위와 싸운 사람'이었습니다. 대통령이 되어서도 권력을 누르기보다 내려놓으려 했고, 사람을 통제하기보다 믿으려 했습니다. 그가 청와대 경내에서 기자들과 눈을 마주치며 허심탄회하게 웃던 모습, 광화문 앞에 갑자기 '출현'하여 어린 학생들과 웃으며 사진을 찍고 껴안던 장면들은 국민들에게 '대통령도 사람'이라는 가장 단순한 메시지를 남겼습니다. 저는 그 장면들이야말로 '사람사는 세상'의 구체적인 풍경이었다고 생각합니다. 정치는 결국 누가 더 사람 냄새를 내느냐의 싸움이며, 그런 냄새를 잃는 순간 정치인은 단절된 존재가 된다는 걸 그는 알고 있던 것입니다.

그의 리더십은 권위가 아니라 관계의 신뢰로 세워졌습니다. 그는 행정의 정점에서도 늘 시민의 눈높이로 돌아갔습니다. "나는 권력의 주인이 아닙니다. 국민이 주인입니다." 그의 이 말은 제게 늘 부끄러움을 주는 문장이기도 합니다. 저 역시 주민의 목소리를 듣고, 때로는 고집을 꺾어가면서 '정치인은 주인이 아니라 일꾼'이라는 사실을 잊지 않으려 노력하고 있습니다.

노무현의 민주주의는 선언이 아니라 생활의 감각이었습니다. 그가 말한 '시민의 권리'는 법 조항에 적힌 글자가 아니라 생활 속에서 실감할 수 있는 존엄입니다. 저는 그 감각을 현장에서 체득하고자 했습니다. 광진구의 복지관과 시장, 학교와 공원, 그 모든 곳에는 정치의 원형이 숨어 있습니다. 사람들이 웃고, 불평하고, 서로 기대며 살아가는 그 현장이 바로 정치의 본무대입니다. 노무현이 말했던 '시민의 권리'란 결국 그들의 불편을 들어주는 정치였습니다. 예산 심의 과정에서 복지관 식사 지원이 논의될 때, 저는 항상 '이 예산이 숫자가 아니라 사람의 식탁'이라는 생각을 놓지 않으려 했습니다. 그가 남긴 '행정은 시스템으로, 정치는 마음으로'라는 말은 제 의정활동의 좌표가 되었습니다.

정책의 논리보다 마음의 순서가 먼저라는 것. 그것이 바로 노무현이 남긴 정치의 윤리이자 사람에 대한 철학이었습니다. 그의 또 다른 위대함은 실패를 두려워하지 않았던 용기에 있습니다. 노무현은 끊임없이 도전했고, 비판받을 줄 알면서도 '옳다고 믿는 일'을 멈추지 않았습니다. 부산에서 '바보 노무현'이라 불리던 시절에도, 그는 '지역주의를 반드시 넘어야 한다'고 말했습니다. 사람들은 그를 비웃었지만, 결국 그는 그 벽을 깨고 대한민국의 대통령이 되었습니다. 그 용기는 시대를 바꾸었고, 그 진심은 지금까지 살아 있습니다. 저는 광진의 골목길을 걸으며 그 용기를 자주 떠올립니다. '결국 진심은 통한다.' 그 믿음 하나가 저를 오늘까지 정치의 길 위에 서 있게 합니다.

노무현은 생전에 '민주주의는 완성된 제도가 아니라, 매일 새롭게 만들어 가는 생활'이라고 말했습니다. 그 말처럼, 저는 오늘도 주민들과의 대화 속에서 민주주의를 다시 배우고 있습니다. 민원 현장에서 마주한 시민의 한마디가 정책의 출발점이 되고, 학교 예산 한 줄이 아이들의 미래를 바꾸며, 복지관의 한 그릇 식사가 어르신의 존엄을 지켜주는 그 순간들 속에서 정치의 본질은 언제나 사람에 있음을 느낍니다. 정치는 멀리 있지 않습니다. 그저 사람의 얼굴을 기억하고, 사람의 목소리를 듣는 일에서 시작됩니다. "정치는 정의의 편에 서야 하지만, 정의를 가장 잘 실현하는 길은 결국 사람을 사랑하는 일이다." 노무현의 이 말은 지금의 저에게도 숙제처럼 항상 남아 있습니다. 정치는 싸움이 아니라 설득의 기술이라는 것 또한 그는 삶으로 보여줬습니다. 그래서 저는 오늘도 주민과의 대화에서, 예산의 한 줄을 결정할 때마다, '이 결정이 누군가의 삶을 조금이라도 더 따뜻하게 만들 수 있는가?'라고 스스로 묻곤 합니다. 그 물음이 바로 제 정치의 중심입니다.

저는 노무현을 떠올릴 때마다, 정치가 다시 사람으로 돌아가야 한다는 확신을 얻습니다. '사람사는 세상'이란 거창한 구호가 아니라, 누군가의 하루가 어제보다 조금 더 나아지는 세상을 의미

한다고 믿습니다. 그 세상을 위해 말이 아닌 행동으로, 감정이 아닌 책임으로, 저는 오늘도 주민의 삶 속에서 답을 찾고자 합니다.

그것이 그가 저에게 가르쳐준 정치의 가장 단순한 진심이면서, 제가 지켜가고자 하는 신념입니다.

권위와 싸운
유쾌한 반란의 리더십

    노무현 대통령을 생각하면 가장 먼저 떠오르는 단어는 바로 '반란'입니다. 그는 체제 안에서 안주하지 않았고, 기득권의 질서에 순응하지 않았습니다. 그의 정치 인생은, 위로부터의 권위에 끊임없이 맞선 투쟁의 연속이었습니다. 하지만 그 투쟁은 결코 분노나 적개심으로 이루어진 것이 아니었습니다.

    노무현은 늘 웃었습니다. 비판을 받으면서도 웃었고, 조롱을 당하면서도 유쾌했습니다. 그 웃음 속엔 확신이 있었고, 신념이 있었습니다. 권위에 도전하되 미움을 남기지 않는 그 태도야말로, 제가 본 정치인의 가장 단단한 용기였습니다. 그는 권위의 언어 대신 유머와 인간미로 세상을 설득했고, 장벽을 부수는 대신에 사람의 마음을 열었습니다. 그가 한참 기자들과 논쟁하다가도 웃음을 잃지 않았던 건 '진심은 언성이 아니라 눈빛의 온도로 전달된다'는 걸 알고 있었기 때문입니다.

그의 리더십은 위계가 아닌 신뢰 위에 세워졌습니다. "대통령도 잘못할 수 있다." 그 한마디는 당시로서는 충격적인 선언이었지만, 사실은 너무나 인간적인 진실이었습니다. 그는 권위를 유지하기 위해 벽을 세우지 않고 오히려 벽을 허물고 기꺼이 시민 속으로 들어갔습니다. 국민들과 함께 산을 오르고, 청와대 경내를 손녀와 손잡고 걸어다니던 장면들은 지금도 제 기억 속에 뚜렷하게 남아 있습니다. 저는 그 장면들에서 '정치의 품격'이란 단어의 새로운 의미를 생각해봅니다. 품격이란 높은 자리에 앉는 것이 아니라, 낮은 자리에서 눈을 맞출 줄 아는 태도입니다.

그는 늘 시민의 눈높이에 서서 권력의 높이를 낮췄습니다. 그의 리더십은 '지시'가 아니라 '참여'를 이끌어냈고, '명령'이 아니라 '대화'로 세상을 바꾸고자 했습니다. 그가 만들어낸 토론 문화, 수평적 회의, 시민과 함께하는 국정운영 등은 단지 방식의 변화가 아니라 민주주의의 감각을 바꾸는 혁신이었습니다. 저는 그 리더십의 핵심이 '유쾌한 반란'에 있었다고 생각합니다. 그의 반란은 '체제의 파괴'가 아닌, 사람을 위한 '질서의 재구성'입니다.

그는 권위에 순응하지 않으면서도, 시스템의 중요성을 부정하지 않았습니다. '권력은 국민으로부터 나온다'는 헌법의 문장을 말이 아닌 행동으로 몸소 증명했습니다. 정치를 어렵게 만드는 건 제도가 아니라 사람의 태도라는 걸 그는 누구보다 잘 알고 있었기 때문일 겁니다. 그래서 그가 보여준 반란은, 결국 정치의 인간화를 향한 유쾌한 저항이었고 그의 그러한 태도는 제 정치의 기준이 되었습니다. 저 또한 정치의 현장에서 수많은 권위와 마주했습니다. 때로는 예산으로, 때로는 관행으로, '이건 원래 그렇게 하는 겁니다'라는 말을 수없이 들었습니다. 하지만 저는 그 말이 정치의 가장 위험한 습관이라고 생각합니다. 정치는 원래의 틀을 답습하는 일이 아니라, 틀을 고쳐서 사람에게 맞추는 일이어야 하기 때문입니다.

저는 노무현의 '유쾌한 반란'을 가슴에 새기며, 관행에 맞서 때로는 외로움을 감수하더라도 결국 사람의 편에 서는 길을 선택하고자 노력합니다. 한 번은 시정질문에서 행정조직의 불합리한 예산 관행을 지적한 적이 있습니다. 집행부와의 긴장된 공방이 이어졌지만, 저는 그 자리가 싸움의 자리가 아니라 설득의 자리임을 알았습니다. 그리고 마지막엔 이렇게 말했습니다. "행정의 완벽함보다, 시민의 납득이 먼저입니다." 회의장에 잠시 정적이 흘렀고, 그 뒤로 조용한 박수가 나왔습니다. 그 순간 저는 노무현이 보여줬던 정치의 품격 자체인 '유쾌한 반란'의 의미를 조금은 이해할 수 있었습니다. 권위에 눌리지 않는 자세, 그러나 상대를 모욕하지 않는 태도. 그게 바로 정치의 바른 자세라는 걸 말입니다.

지역에서 이해관계가 복잡한 사업을 추진할 때, 저는 늘 '결정을 내리는 힘보다, 설득하는 인내'를 선택했습니다. 상인, 주민, 공무원, 시공업자 그 누구의 입장도 함부로 판단하지 않고, 모두의 말을 듣고 나서야 결론을 내렸습니다. 그렇게 하면 비록 그 과정은 길어지더라도 그 결과는 단단해집니다. 그게 바로 제가 배운 리더십이라고 언제나 자신있게 말합니다. 정치는 누군가를 이기는 일이 아니라, 모두가 납득하는 결론을 만드는 일입니다. 그것이 진정한 의미의 리더십이자, 노무현이 보여준 민주주의의 실천 방식이라 믿습니다.

노무현은 실패를 두려워하지 않았습니다. 그의 유쾌함은 단순한 성격이 아니라 패배를 감당할 수 있는 용기에서 비롯된 것이었습니다. 그는 '지도자가 실수했을 때 솔직히 사과할 수 있는 나라가 되어야 한다'고 했습니다.

저는 그 말이 정치의 가장 큰 이상형이라고 생각합니다. 잘못을 덮는 정치보다, 실수를 인정할 줄 아는 정치가 더 건강합니다. 그 용기와 투명함이 결국 시민의 신뢰를 만들기 때문입니다. 앞으로도 전병주의 정치 무대에서는 이기려는 정치보다 신뢰받는 정치가 보이도록 할 것입니다.

노무현은 세상의 높이를 낮췄고, 정치의 언어를 사람의 언어로 바꿨습니다. 그가 우리 모두에게 남겨준 유산은 제도나 정책보다도, 사람을 대하는 태도에 있습니다. 그는 권위를 내려놓음으로써 존경을 얻었고, 권력보다 시민을 선택함으로써 역사가 되었습니다.

그 정신을 제 정치의 뿌리로 삼겠습니다. 권위와 싸우되 미움을 남기지 않고, 비판을 견디되 웃음을 잃지 않는 정치. 그 유쾌한 반란의 리더십을 실천하며 살아가고자 합니다.

시민과 함께 만드는
수평의 민주주의

 노무현이 남긴 정치의 핵심은 '민주주의는 참여로 완성된다.' 이 한 문장으로 요약됩니다. 그는 권위주의의 시대를 끝내고, 시민이 직접 정치의 주체가 되는 길을 열었습니다. 그에게 '참여'란 단순한 구호가 아니라 민주주의의 작동 원리였습니다. 정치는 더 이상 위에서 아래로 흘러가는 지시가 아니라, 서로의 눈높이에서 의견을 맞추는 수평의 관계라는 것을 그는 일찍이 깨달았던 것입니다. 저는 그의 그 믿음을, 지금 제가 사는 광진의 골목과 회의실, 그리고 주민의 얼굴 속에서 다시 배우고 있습니다.

 민주주의는 제도에서 시작되지만, 결국 사람의 태도로 완성됩니다. 정치를 하다 보면 '결정'의 유혹이 있을 때가 옵니다. 속도를 이유로 시민의 목소리를 건너뛰고 싶어지는 순간이 될 수 있는데, 그 순간이야말로 정치가 시민에게서 멀어지는 때입니다. 정치는 '누가 더 빨리 결정하느냐'의 경쟁이 아니라, '누가 더 오래 귀를 기울이느냐'의 과정이어야 합니다. 주민이 참여하지 않는 행정은 완벽할지 몰라도 지속될 수 없고, 시민의 신뢰 없이 추진되는 정책은 결국 공허해진다는 것을 수없이 보았기 때문입니다. 그 믿음으로 저는 의정활동 내내 대화의 현장을 지켜왔습니다.

중곡동 국립정신건강센터와 보건복지행정타운 조성 과정이 바로 그런 현장이었습니다. 처음 사업이 추진될 때, 일부 주민들은 '정신'이라는 단어에 불안을 느끼고 주거환경 악화, 지역 이미지 훼손, 교통 문제 등 현실적인 우려가 쏟아졌습니다. 반면 복지부와 서울시는 '서울 동북권 공공의료의 균형 발전을 위해 반드시 필요한 사업'이라 강조했습니다. 양쪽 모두 틀린 말은 아니었지만, 문제는 입장이 아니라 소통이었습니다. 저는 그 간극을 메우기 위해 직접 나섰습니다. 사실 그때 제가 한 일은 중재가 아니라 '연결'이라고 말하고 싶습니다. 보건복지부 담당자와 주민대표, 구청 관계자, 그리고 지역 정치인들이 한자리에 모여 처음으로 이야기를 나누는 자리가 마련됐습니다. 그 자리의 목적은 결론이 아니라 '대화의 복원'이었습니다. 서로의 걱정과 논리를 들으며, 행정은 설명하고 주민은 질문했습니다. 결국 이 회의들을 계기로 사업의 성격은 '정신병원'이 아닌 '보건복지행정타운'으로 재정의되었고, 그 안에는 키움센터, 건강돌봄센터, 상업시설, 주차시설, 문화공간 등이 함께 설계되었습니다. 이렇듯 행정이 주민의 언어로 번역되는 순간에 불신은 신뢰로 바뀌고, 반대는 참여로 이어지면서 민주주의는 비로소 현실이 됩니다.

전선지중화 사업 또한 같은 원리에서 풀렸습니다. 지역 곳곳의 사업 대상 구간들은 상가 밀집지역이다 보니 공사 기간 동안 상인들의 피해가 우려되는 상황이 지속되자, 저는 현장을 여러 차례 방문해 상인들과 대화했습니다. "이 길이 잠시 불편해도, 언젠가 우리 아이들이 더 안전하게 다닐 길이 되어야 하지 않겠습니까." 단지 그 한마디가 공감의 실마리가 되었습니다. 결국 공사 일정을 재조정하고, 점심·저녁 시간대 영업 방해를 최소화하며, 공사 후 도로 복구 예산을 별도로 확보해 상인들의 우려를 해소했습니다. 그렇게 완공된 지중화 도로를 걸을 때마다, 저는 '참여'라는 단어의 진짜 의미를 실감합니다. 민주주의는 투표로만 이루어지는 게 아니라, 이런 작은 생활의 합의 속에서 자라나는 것이기 때문입니다.

교육 현장 또한 마찬가지였습니다. 서울시 교육위원으로 일하면서, 저는 관내 학교의 시설 개선을 위해 교육청 예산 90억 원이 포함된 추경예산을 확보했습니다. 그 과정에서 교장선생님, 학부모회, 학교운영위원들과 여러 차례 간담회를 열었습니다. 행정이 정해주는 방향이 아니라, '교실의 불편을 가장 잘 아는 사람'들의 의견이 반영되어야 한다고 믿었기 때문입니다. 아이들의 안전 문제, 냉난방 시설, 조명 교체, 화장실 개선 등 작은 불편이 쌓여 큰 변화로 이어지는 과정을 함께 만들었습니다. 행정이 주는 결과보다, 시민이 참여한 과정이 더 소중하다는 걸 그때 아이들의 웃음으로 배웠습니다.

저는 모든 결정 과정에서 '정치는 명령이 아니라 설득'이라는 확고한 믿음을 가지고 있습니다. 권위적인 태도는 빠른 길처럼 보이지만, 그 끝은 늘 단절로 이어집니다. 오히려 시간을 들여 함께 논의하고, 의견을 모으는 과정이 훨씬 오래 가는 정책의 기반이 됩니다. 시민의 동의가 없는 정책은 언젠가 무너지고, 시민이 참여한 결정은 시간이 흘러도 흔들리지 않습니다. 그것이 제가 광진의 현장에서 배운 민주주의의 진리입니다.

정치는 사람을 움직이는 일입니다. 그리고 사람은 논리보다 마음으로 설득됩니다. 저는 회의장에서 숫자를 다룰 때도, 늘 그 숫자 뒤의 사람을 떠올립니다. 복지 예산 1억 원은 어르신의 따뜻한 한 끼 식사이고, 교육 예산 10억 원은 아이들의 안전한 교실과 운동장입니다. 행정의 언어로 쓰인 숫자를 사람의 언어로 번역하는 게 바로 정치가 해야 할 진짜 일이라 생각합니다. '민주주의는 완성된 제도가 아니라 매일 새롭게 만들어 가는 생활'이라고 했던 노무현의 말처럼, 저는 오늘도 주민들의 생활 속에서 민주주의를 항상 배우고 있습니다. 정치는 법률이나 조례의 문장에 머무는 것이 아니라, 사람과 사람이 마주 앉아 대화하는 순간 완성됩니다. 그래서 저는 늘 현장에서 답을 찾으려 합니다. 민원 창구 앞에서, 복지관의 식탁 옆에서, 학교의 운동장에서 들리는 시민의 목소리가 그 어떤 보고서보다 정확한 정치의 방향을 알려줍니다.

민주주의의 중심은 '시민'입니다. 그 시민이 권력의 객체가 아닌 주체로 서 있을 때, 비로소 정치가 사람의 얼굴을 되찾습니다. 저는 그 믿음을 끝까지 지키고 싶습니다. 정치는 높이로 평가받는 자리가 아니라, 얼마나 시민과 가까이 있는가로 평가받는 일이라고 생각합니다. 그래서 오늘도 저는 광진의 골목을 걷습니다. 그 길 위에서 시민의 눈높이로 민주주의를 다시 세우고, 사람의 마음으로 정치를 완성하는 길을 묵묵히 걸어왔고 걸어갈 것입니다. 그것이 제가 노무현 대통령에게 배운 진짜 민주주의이며, 제가 앞으로도 이어가고자 하는 정치의 길입니다.

그렇게 정치는 결국 시민이 주체가 되어 현장으로 돌아오는 것입니다. 국회와 청와대의 높은 담장 안쪽이 아닌, 사람들이 일하고, 아이를 키우고, 노후를 준비하는 그 일상의 자리에서 정치의 진짜 의미가 드러납니다. 철학이 사람의 마음을 움직였다면, 행정은 사람의 삶을 바꿔야 합니다. 그 변화를 가능하게 하는 힘, 그것이 바로 '실천의 정치'이자 '행정의 민주주의'입니다.

2부

권리,
삶의 현장에서 배우다

실천과 행정의 현장
"정치는 실무와 감동의 조화다."

4장 ● 현장에 답이 있다
　　　- 이재명에게 배우다

말보다 행동,
실천으로 증명한 행정의 힘

정치는 결국 현실을 바꾸는 일입니다. 아무리 좋은 철학도 사람의 삶 속에서 작동하지 않으면 공허하죠. 그 점에서 이재명 대통령은 말보다 행동으로 증명해 온 정치인입니다. 그의 정치는 화려한 수사보다 구체적인 실행으로 평가받았고, 그가 행정을 바라보는 시선은 언제나 '사람이 체감하는 변화'에 있습니다. 저는 그의 행정을 보며, '정치는 말이 아니라 설계이며, 실천은 곧 신뢰'라는 사실을 항상 깨닫습니다.

그가 행정을 시작하기 훨씬 전부터, 이미 시민 속에서 실천의 씨앗을 키워왔다는 사실을 아는 사람은 많지 않습니다. 변호사 시절 그는 성남참여연대에서 활동하면서, 무너진 공공의료 체계를 복원하기 위해 '성남시립병원 건립 추진 운동'을 주도했습니다.

당시 의료 민영화가 급속히 진행되던 시기였지만, 그는 의료를 시장 논리의 대상이 아니라 시민의 권리로 바라보았습니다. 법정에서 변론을 이어가기보다, 거리에서 시민들과 함께 서명운동을 벌였고, 시의회를 찾아가 예산의 당위성을 설명했습니다. '시민이 주인되는 공공의료'를 주장했던 그의 외침은 단지 복지정책의 구상에 그치지 않았습니다. 그때 이미 그는 정치인이 아닌 '행정가의 자세'를 지닌 시민이었습니다. 성남시립병원은 훗날 2020년 '성남의료원'이라는 이름으로 개원했지만, 그 출발점은 변호사 이재명이 시민들과 함께 서명지를 들고 걷던 그날의 광장이었습니다. 저는 그 과정을 지켜보며 행정은 문서로 시작되지 않고, 시민의 필요에서 시작된다는 걸 믿기 시작했습니다. 그러한 이재명표 행정이 지금의 제 정치를 관통하는 원칙이 되었습니다.

성남시장으로 취임한 그는 이미 '현장의 언어'를 알고 있었습니다. 그는 행정을 책상 위가 아닌 거리와 시장, 학교, 복지관에서 설계한 사람이었습니다. 성남은 당시 재정자립도가 낮고 부채가 많은 도시였습니다. 많은 이들이 '불가능할 것'이라고 했지만, 그는 사람의 눈으로 문제를 바라봤습니다. 청년에게는 기회를, 노인에게는 돌봄을, 서민에게는 안정을 주는 길을 고민했습니다. 그 결과로 탄생한 것이 청년배당, 무상교복, 공공임대주택입니다. 이 정책들은 단순한 복지 시범사업이 아니라, '시민의 삶을 제도로 바꾸는' 행정 모델이었습니다. 그는 복지를 시혜가 아닌 권리로 전환시키며, 지자체가 할 수 있는 일의 한계를 스스로 넓혔습니다. 그 과정에서 저는 "행정의 실험은 시민의 신뢰 위에서만 가능하다"는 사실을 배웠습니다.

이재명은 행정을 설계할 때 늘 '체감'을 이야기했습니다. 숫자나 통계보다 사람이 느끼는 변화의 온도를 더 중요하게 여겼고, 예산을 짜는 과정에서도 "시민이 체감하지 못하는 정책은 존재하지 않는 정책"이라며, 공무원들에게 현실적인 언어로 설명할 수 있는 행정을 주문했습니다. 그는 또한 회의실에서 "불가능합니다"라는 말을 들으면 "그럼 가능한 방법을 함께 찾자"고 오히려 힘을 실어주면서 되묻던 사람이었습니다. 저는 영상으로 그러한 장면들을 볼 때마다, 정치가 얼마나 단단한 현실 감각 위에 세워져야 하는지를 느꼈습니다. 정치는 이상을 말하지만, 행정은 그 이상을 구현하는 기술입니다. 그가 보여준 건 기술의 완벽함이 아니라, 사람의 언어로 작동하는 행정의 따뜻함이었습니다.

경기도지사 시절, 그는 공공행정의 표준을 새롭게 정의했습니다. 공공건축, 지역화폐, 기본소득, 기초복지 확대, 그리고 코로나19 초기의 재난기본소득까지. 그의 정책들은 찬반을 넘어 행정의 본질을 다시 묻게 했습니다. '정부가 국민의 삶을 얼마나 빨리, 얼마나 공정하게 지켜줄 수 있나'라는 그 질문에 그는 언제나 현장으로 향했습니다. 민원은 단순한 요구로 취급하지 않고, 문제 해결의 출발점으로 삼았으며, 정책의 타당성을 책상 위 보고서가 아니라 시민의 반응으로 검증했습니다. 그 과정에서 행정은 살아 움직였고, 정치와 시민의 거리는 한 걸음 더 가까워졌습니다.

그의 리더십은 속도보다 방향의 정확성에 있었습니다. 실패를 두려워하지 않았고, 실수를 인정했습니다. 그는 '행정은 완벽할 수 없다. 그러나 늦은 행정은 무책임한 것'이라고 했습니다. 정치는 완벽함을 향한 경쟁이 아니라, 문제를 미루지 않는 용기의 싸움이라는 것을 일깨워주는 말입니다. 저는 광진의 행정을 돌아볼 때마다 그 말을 떠올립니다. 작은 일이라도 주민의 불편을 바로잡고, 늦지 않게 대처하는 행정이야말로 진짜 정치의 실력이라는 것을 현장에서 매번 느낍니다. 예산의 숫자는 냉정하지만, 그 안에 담긴 의미는 결코 냉정하지 않습니다. 한 줄의 예산 항목이 지역의 복지 인프라를 바꾸고, 단 한 번의 결산이 다음 세대의 교육 환경을 좌우합니다.

그래서 저는 행정을 수치로만 보지 않습니다. 숫자 뒤에 있는 사람의 일상을 읽어내는 것이 정치의 시작이고, 그것이 이재명이 강조했던 행정의 감각, 즉 '정책이 아니라 삶을 설계하는 행정'의 본질이라고 믿습니다. 이재명 대통령은 저에게 '행정의 민주주의'를 가르쳐준 사람입니다. 그것은 권력의 효율이 아니라 사람의 효율을 보다 중시하여 시민이 체감하는 변화의 총합으로 완성되는 정치입니다. 정치는 철학으로 시작하지만, 행정으로 증명됩니다. 그 증명을 위해 그는 매 순간 현장을 걸었고, 저 또한 그 길을 따라 광진의 골목과 복지관, 학교와 시장 속으로 가고 있습니다. 정치는 결국 사람이 사는 자리로 돌아와야 완성됩니다. 그것이 바로 이재명 대통령이 제게 남긴 가르침이자, 실천으로 증명하는 정치의 진짜 힘입니다.

공정과 효율의 균형,
작지만 확실한 변화

　　정치는 늘 상반된 두 가지 가치들 사이에서 균형을 찾아야 한다고 생각합니다. 공정과 효율, 이상과 현실, 속도와 숙의, 그리고 제도와 사람. 그중에서도 '공정과 효율'은 행정을 평가하는 가장 날카로운 잣대입니다. 공정하지 않은 효율은 불신을 낳고, 효율을 잃은 공정은 멈춰버립니다.

　　이재명 대통령은 바로 그 균형을 가장 정확히 읽은 정치인입니다. 그는 행정을 '기계의 작동'이 아니라 '사람의 설계'로 이해했습니다. 공정한 원칙 위에 사람의 온도를 더하는 것이 이재명표 행정의 본질이었고, 제가 정치에서 추구하는 방향이기도 합니다. 그는 성남시장 시절부터 일관되게 이렇게 말했습니다. "행정은 한 사람의 예외도 허용하지 않는 시스템이 되어야 하지만, 동시에 그 시스템이 인간의 사정을 외면하지 않아야 한다."

이렇게 공정한 원칙을 지키면서도, 현실의 사정을 외면하지 않는 행정. 즉, 원칙을 사람의 언어로 해석해 구현하는 정치가 제가 실천하고자 하는 행정입니다.

의정 현장에서의 '공정'은 자주 원칙의 이름으로 불립니다. 예산을 심의할 때, 행정은 늘 '형평성'을 말합니다. 하지만 제가 경험한 행정의 현실은 단순히 균등하게 나누는 일보다 훨씬 복잡합니다. 어떤 복지관의 운영비가 줄면 그곳을 이용하시는 어르신들의 일상이 흔들리고, 학교나 어린이집의 시설 개보수가 늦어지면 우리 아이들의 하루가 불편해집니다. 숫자로는 공평해 보여도, 삶의 온도에서는 결코 같다고 볼 수 없습니다. 그래서 저는 행정에서의 '공정'을 사람의 언어로 다시 정의하려는 시도를 끊임없이 합니다. 형평은 숫자가 아니라, 사람의 필요에 따라 조정되어야 하는 정의의 다른 이름이기 때문입니다.

복지관 예산 소성을 논의할 당시, 행정은 효율을 앞세워 운영비 일부 삭감을 제안하곤 합니다. 그 논리만 보면 틀린 말은 아니었지만, 현장에는 단순한 예산 항목으로 설명되지 않는 사정이 있습니다. 그곳은 어르신들이 매일 모여 식사하고, 서로 안부를 묻는 지역의 작은 공동체입니다. "행정의 절약이 사람의 존엄을 침해해서는 안 됩니다." 복지는 비용이 아니라 관계의 문제이며, 행정은 숫자가 아니라 사람의 삶을 다루는 일이라는 확고한 믿음 때문이었습니다. 예산은 지켜졌고, 복지관은 지금도 어르신들의 일상 속 쉼터로 남아 있습니다. 단순한 예산 성과가 아니라, '공정한 행정은 인간의 존엄 위에 세워져야 한다'는 철학의 증명이었습니다.

공정과 효율의 균형은 교육 현장에서도 같은 고민을 낳았습니다. 서울시 교육위원으로 일하면서, 저는 학교 시설개선 사업의 예산을 두고 수없이 많은 협의를 거쳤습니다. 재정의 제약 속에서도 저는 아이들의 '안전과 쾌적함'을 우선순위로 두었습니다. 이러한 기준으로 서울시 교육청 예산을 확보하고, 그 예산으로 교실의 오래된 창문이 교체되고, 낡은 화장실이 새로 지어지고, 넘어져도 덜 다치는 운동장으로 변화되는 모습들을 지켜봅니다. 아이들이 웃으며 등교하는 모습은 그 어떤 통계보다 확실한 변화였습니다. 그럴때마다 저는, 효율적인 행정은 절차를 줄이는 것이 아니라, 필요한 곳에 정확히 쓰이는 행정이어야 한다는 것을 깨닫습니다. 그 효율은 숫자의 절감이 아니라, 사람의 체감 속에서 완성됩니다.

공정의 또 다른 얼굴은 '투명성'입니다. 저는 의정활동을 하면서 모든 예산의 흐름을 주민에게 공개하는 것을 원칙으로 삼았습니다. 정치는 설명으로 책임을 져야 한다고 믿기 때문입니다. 주민이 행정의 결과만 보게 해서는 안 됩니다. 과정이 투명할 때만 행정은 공정을 얻고, 공정을 얻은 행정만이 시민의 신뢰를 지탱할 수 있습니다. 그래서 저는 예산 심사 때마다 '어떤 사업이 누구에게, 어떻게 영향을 주는가'를 먼저 묻습니다. 정치가 설명되지 않으면 행정은 관료주의로 변질되고, 행정이 설명을 멈추면 시민은 멀어집니다. 공정은 투명한 과정 위에서만 작동합니다.

효율이란 이름으로 무시되어온 가치들을 복원하는 것도 중요합니다. 전선지중화 사업이 좁은 상가 밀집구간의 공사로 인해 상인들의 영업 손실이 우려되는 상황이 발생하자, 저는 말보다 발로 먼저 움직였습니다. 행정은 늘 공사 일정의 효율성을 강조했지만, 현장의 목소리는 그 효율이 오히려 사람들의 불편을 키우고 있음을 알려주었습니다. 그래서 저는 상인들과 직접 만나 공사 시간대를 조정하고, 유동인구가 많은 점심·저녁 시간대에는 공사를 잠시 멈추도록 요청했습니다. 또한 도로 복구 예산을 별도로 확보해 상권 피해를 최소화하고자 했습니다. 물론 그 과정은 느리고 복잡했지만, 완공된 구간을 걸을 때마다 효율은 속도의 문제가 아니라 납득의 문제이며, 모두가 납득하는 행정이 진짜 효율이라는 걸 그때 배웠습니다.

지역의 공공체육센터 시설 개선 사업 또한 같은 원리로 추진됐습니다. 예산을 우선 확보해 주민들의 문화생활 공간을 새롭게 바꾸는 과정에서 그 사업이 완성되기까지, 행정은 여러 차례 설계 변경을 거쳤고 주민들은 그때마다 불편을 호소하시곤 합니다. 저는 '계획대로 진행된다'는 행정의 설명 대신, '주민이 납득할 수 있는 공사'로 방향을 바꿨습니다. 체육관의 냉난방, 조명, 동선 하나까지 주민 의견을 최대한 반영하고자 했고, 결국 완공 후 '이제 가까운 곳에서 겨울에도 따뜻하게 운동할 수 있다'는 지역 어르신들의 말씀들이 그 어떤 행정적 평가표보다 훨씬 정확한 결과보고서가 되었습니다. 정치가 성과를 만드는 일이라면, 행정은 사람이 그것을 느끼게 하는 일입니다. 저는 그 모든 과정들을 거치며, '작지만 확실한 변화'가 결국 정치의 본질임을 배웠습니다. 거창한 구호보다, 사람의 일상에 닿는 작은 변화가 주민의 삶을 밑받침합니다.

통학로가 안전해지고, 가게 앞 전선이 사라지고, 복지관이 따뜻해지고, 체육시설이 쾌적해지는 일. 이런 변화들이야말로 공정과 효율이 만나는 자리입니다. 이재명 대통령은 늘 '정치는 거대한 이상보다 작고 확실한 변화를 만드는 일'이라고 했습니다. 그것은 단순한 수사가 아니라, 행정의 진심을 담은 말입니다. 공정한 원칙이 효율로 작동하고, 그 효율이 다시 사람의 체감으로 돌아오는 것. 그 순환이 건강한 행정이며, 그것이 제가 꿈꾸는 지방정치의 모습입니다.

정치는 결국 사람의 삶을 설계하는 일입니다. 그래서 저는 언제나 '사람 중심 행정'을 믿습니다. 공정은 원칙으로, 효율은 실천으로, 그리고 그 사이에서 피어나는 작지만 확실한 변화들이 바로 정치의 이유입니다. 행정은 완벽할 수 없지만, 사람의 마음을 담을 수는 있습니다. 그 따뜻한 균형이, 제가 꿈꾸는 우리 광진의 정치이자, 이 시대의 공정한 행정입니다.

12년 의정활동으로 배운 행정의 디테일

　공정과 효율의 균형이 행정의 방향이라면, 그 균형을 현실로 만드는 힘은 '디테일'에 있습니다. 정치가 비전을 세우는 일이라면, 행정은 그 비전을 현실로 옮기는 정밀한 설계의 과정입니다. 저는 지난 12년의 의정활동을 통해 '좋은 행정은 철학보다 세밀함에서 완성된다'는 걸 배웠습니다. 큰 원칙이 사람의 삶에 닿기 위해서는 반드시 세부의 언어, 즉 디테일이 필요합니다. 그 디테일은 보고서의 문장 속에만 있는 것이 아니라, 절차와 설명, 그리고 사람의 납득 여부에 숨어 있습니다. 이재명의 행정이 그렇습니다. 효율을 이유로 과정을 생략하지 않고, 신속함 속에서도 사람의 의견을 담는 그것이야말로 정치가 행정으로 완성되는 순간입니다. 그래서 저는 언제나 '정확한 데이터와 세밀한 설명'을 행정의 기본으로 삼고 있습니다.

그 시작은 서울런 사업의 실효성 문제 제기였습니다. 취지는 좋았습니다. '소득 격차가 학습 격차가 되어선 안 된다'는 문제의식에는 많은 이들이 공감했지만, 실제 운영을 살펴보니 등록만 많고 학습 완료율은 낮았으며, 관리 시스템 또한 느슨했습니다. 저는 시정질문을 통해 '돈을 쓰려면, 아이들이 진짜 공부가 되는 방식으로 써야 한다'고 지적했습니다. 단순한 '지원사업'이 아니라 학교와 교사가 중심이 되는 공교육형 학습 지원체계로 전환해야 한다는 제안을 덧붙였고, 그 내용은 여러 언론에도 소개됐습니다. 결국 이 논의는 교육청이 사업의 집행 구조를 재점검하는 계기가 되었고, 저는 그때부터 '예산은 사용이 아니라 설계의 문제'라는 행정의 첫 번째 디테일을 알게 되었습니다. 돈을 쓰는 게 행정이지만, 제대로 쓰게 만드는 건 더 큰 행정입니다.

비슷한 맥락에서 학생인권조례와 교권 보호에 관한 문제는 또 다른 시험대였습니다. 어느 한쪽의 권리를 지키기 위해 다른 한쪽의 권리를 지워버리는 건 진정한 행정의 균형이 아닙니다. 저는 교권 보호의 필요성을 인정하면서도, '교실은 권력의 위계가 아니라 상호 존중의 질서로 돌아가야 한다'고 했습니다. 학생이 존중받을 때 교사도 존중받고, 교사가 보호받을 때 학생의 권리도 함께 성장합니다. 그래서 학생인권조례 폐지 논란이 불거졌을 때, 저는 찬반을 넘어서 조례의 현실적 작동을 검증하는 일에 집

중했습니다. 정치의 언어로 싸우기보다, 행정의 언어로 설계하자는 생각이었습니다. 결국 문제는 '누구의 편이냐'가 아니라 '어떻게 설계하느냐'라고 보는 것입니다. 그 접근이 저는 행정의 두 번째 디테일, 바로 어느 한쪽에도 치우치지 않는 '균형의 기술'이라 생각합니다.

세 번째로, 저는 행정의 신뢰는 '설명의 친절함'에서 비롯된다고 믿습니다. 서울시당 대변인으로 활동할 때, 저는 논평을 단순히 당의 입장을 밝히는 수단으로만 쓰지 않았습니다. 복잡한 행정 이슈를 시민의 언어로 바꾸어 설명하는 데 더 많은 시간을 쏟았습니다. 예를 들어 서울시장의 '저소득층 아이, 고소득층 자제'에 관한 논평에서는 교육격차의 문제를 단순히 통계나 계층의 문제로 다루지 않았습니다. '교육의 공정은 출발선이 아니라 과정의 공평함에 있다.' 아이들의 현실에서 출발한 문장이었습니다. 행정은 설명을 생략할 때 멀어지고, 설명할 때 가까워집니다. 그래서 저는 의정활동 내내 '설명하는 정치인'을 제 역할로 삼았습니다. 보고보다 설명이, 성과보다 이해가 먼저라는 나름의 원칙이 있었기 때문입니다.

또 하나의 배움은 청렴의 구조화였습니다. 저는 '서울시의회 청렴문화 조성 및 지원에 관한 조례'를 대표 발의하며, 부패 방지의 관점을 '감시'에서 '문화'로 전환했습니다. 누군가를 벌주는 제도가 아니라, 스스로 투명성을 유지하게 만드는 행정 문화의 틀을 만들고 싶었습니다. 그래서 조례안에는 '청렴교육 의무화', '공직 내부 신고자 보호', '청렴도 평가 결과의 공개' 같은 항목을 직접 포함시켰습니다. 행정의 신뢰는 규제가 아니라 자율에서 온다는 믿음 때문이었습니다. 결국 그 조례는 제정 완료되어 서울시의 청렴정책 가이드라인에 반영되었고, 그 경험을 통해 '좋은 행정은 결과가 아니라 태도에서 완성된다'는 확신을 얻게 되었습니다. 의원으로서 행정을 배우며 느낀 건, 결국 디테일이란 '사람의 시간'을 존중하는 일이라는 것입니다.

정치가 하루아침에 세상을 바꾸진 못합니다. 하지만 행정의 작은 개선 하나는 시민의 하루를 바꿉니다. 통학로가 안전해지고, 민원이 빠르게 해결되고, 교육과 복지 등 여러 분야들이 유기적으로 연결될 때 비로소 시민은 행정을 '작동하는 제도'로 체감합니다. 그 과정에는 거창한 구호보다 세심한 절차, 친절한 설명, 그리고 한 발 더 현장으로 다가서는 태도가 있습니다.

저는 종종 '의정활동에서 가장 중요한 덕목이 무엇인가'라는 질문을 받습니다. 그럴 때마다 저는 주저 없이 '집요함'이라고 답변합니다. 현장의 불편이 사라질 때까지, 제도가 작동할 때까지, 그리고 시민이 납득할 때까지 멈추지 않는 태도. 집요함은 곧 끈기라고도 할 수 있겠네요. 그 끈기가 곧 디테일의 또 다른 이름입니다. 회의장 안에서 한 줄의 문구를 다듬는 일도, 정책 설계의 여백을 메우는 일도 결국은 사람을 위한 인내입니다. 정치가 방향을 세운다면, 행정은 그 방향을 끝까지 밀어붙이는 집요함으로 완성되어야 합니다. 저는 그 집요함을 사람의 신뢰로 바꾸는 정치를 하고 싶습니다.

이재명 대통령이 보여준 행정은 바로 그런 디테일의 집합체입니다. 성남시장 시절 공공의료·교통·복지 정책을 설계할 때도 그는 원칙보다 '사람들이 납득하는 것'을 우선했습니다. 저 역시 서울시의회에서 행정을 다루며 같은 결론에 도달했습니다. 공정은 제도 속에만 머무르면 무겁고, 효율은 숫자 속에만 남으면 차갑습니다. 그 둘을 이어주는 건 결국 사람의 이해, 그리고 설명의 온도입니다. 저는 그 온도를 지키는 일이 정치의 마지막 디테일이라고 믿습니다.

정치는 구호가 아니라 설계의 예술입니다. 그 설계는 언제나 사람의 일상에서 시작되고, 사람의 납득으로 완성됩니다. 저는 그 믿음을 붙잡고 오늘도 회의장과 현장을 다닙니다. 결국 행정의 디테일이란, 사람의 존엄을 잃지 않기 위한 세밀한 기술입니다. 작은 차이 하나, 단어 하나, 예산 한 줄이 시민의 삶을 바꿀 수 있다면 그 세밀함을 놓치지 않는 것이야말로 정치의 가장 큰 책임일 것입니다.

5장 ● 일상에 닿는 정치
 - 김영춘에게 배우다

생활 속의 정치,
사람 곁의 민주주의

　정치는 거창한 구호보다 사람의 삶에 닿을 때 비로소 의미를 가집니다. 그 믿음은 제가 김영춘 선배를 통해 처음 배운 정치의 자세였습니다. "정치는 결국 사람의 일상에 있어야 한다. 권력은 위에서 움직이지만, 민주주의는 아래에서 자란다." 김영춘의 이 한마디가 그의 삶을 설명합니다. 국회보다 현장에서, 회의실보다 시장 한복판에서 그는 늘 '사람 곁의 정치'를 이야기했습니다. 정치를 제도나 권력의 작동이 아닌 '생활의 언어'로 바꿔냈던 사람이 바로 김영춘입니다.

　청년 시절부터 그는 행동하는 지식인이었습니다. 고려대학교 총학생회장 시절, 군사정권의 서슬이 퍼렇던 시대에 '학생이 밥을 먹고, 토론하고, 웃을 수 있는 공간이 곧 민주주의의 시작'이라

외쳤습니다. 억압된 캠퍼스에서 자유를 논하고, 서로의 목소리를 들으면서 정치는 사람의 일상에서 증명되는 것이라는 신념을 품은 그에게 민주주의는 이념이 아닌 생활로 그렇게 자리를 잡았으며, 그의 정치 전반을 이끈 철학이 되었습니다.

김영춘은 30대의 젊은 나이에 광진갑에서 당선되어 국회에 입성하였습니다. 비록 시작은 보수정당인 신한국당에서 출발했지만, 그는 이념보다 양심을 따랐고 결국 그 양심이 2004년, 당의 보수화 흐름에 맞서 '독수리 5형제'의 일원이 되어 열린우리당 창당의 동기로 작용하였습니다. 그 선택은 권력을 향한 계산이 아니라 시대의 요구에 대한 응답이었기 때문입니다. '정치는 시대의 질문에 답하는 일이고, 시대가 바뀌면, 정치도 바뀌어야 한다'는 그의 말은, 지금도 정치의 본질을 꿰뚫는 정의입니다. 그의 정치 철학은 언제나 '사람의 자리'에서 출발했습니다. 국회의원이 된 뒤에도 그는 오래된 승용차를 직접 운전하고 누비며, 주민의 이야기를 들었습니다. 그는 광진갑 국회의원 시절, '정치는 발로 하는 일이다. 사람을 만나야 정치가 보인다'면서, 말보다 현장을 먼저 찾았습니다. 재래시장 상인들과 새벽 인사를 나누었고, 곳곳의 거리를 직접 걸으며 위험 구간을 표시했습니다. 그의 수첩에는 '시장 천막 교체', '복지관 바닥 미끄럼', '횡단보도 신호등 시간 연장' 같은 메모들로 가득했습니다.

김영춘에게 정치는 국가의 거대한 담론이 아니라 사람의 하루를 바꾸는 일이었고, 그 믿음이 생활 속 민주주의의 출발점이었습니다. 그는 '정치는 머리가 아니라 눈과 귀로 하는 일'이라면서, 말보다 경청을, 지시보다 대화를 앞세웠습니다. '지시형'이 아닌 '참여형' 정치인의 전형적인 모습입니다. 정책은 위에서 내려오는 문서가 아니라, 아래에서 올라오는 목소리로 만들어져야 한다는 신념. 그 신념이 그를 늘 현장으로 이끌었습니다. 또한 회의보다 대화를, 결정보다 숙의를 중시했습니다. 비록 그 과정은 더디고 비효율적일 수 있었지만, 그 안에서 사람들은 너나 할 것 없이 따뜻한 정치의 온도를 느꼈습니다. "설득하지 못한 행정은 통치이고, 설득한 행정이 정치다." 그의 이 말은 지금 제 정치 철학의 근간이 되었습니다.

김영춘의 정치가 특별했던 이유는, 그가 청렴과 진심을 행동으로 증명한 사람이었기 때문입니다. 그는 보여주기식 도덕을 경멸했습니다. 정치의 신뢰는 보여주는 청렴이 아니라, 설명하는 청렴에서 나온다고 믿었습니다. 그는 국회의원 시절에도 사무실 불을 밤늦게까지 켜두지 않았고, '예산보다 세금'을 먼저 떠올리며 정책을 검토했습니다. '자신이 사용하는 모든 정책 관련 예산은 누군가의 땀과 세금'이라는 말로 동료들에게 경각심을 끊임없이 일깨웠습니다. 그의 행정은 비용 절감이 아닌 의미의 절약, 즉 불필요한 형식을 줄이고 실질적인 변화를 만드는 정치였습니다. 그러한 김영춘의 청렴은 단지 금전적 깨끗함이 아니라 '관계의 청럼'이었습니다. 그는 인맥보다 원칙, 편의보다 정의를 택했습니다. 그의 정치에는 거래가 없었고, 타협에도 선이 있었습니다. 그는 '정치는 신뢰로 세워지고, 신뢰는 약속으로 지켜진다'는 말과 함께 모든 약속을 기록했습니다. 그의 약속은 '재래시장 바닥보수', '학교 옆 가로등 교체', '노후 화장실 리모델링' 등등 언제나 작은 것에서부터 출발했습니다. 하지만 그 작은 약속을 끝까지 지켜냈기 때문에, 그는 광진에서 진영을 불문하고 지금도 '믿을 수 있는 정치인'으로 남아 있습니다.

무엇보다도 김영춘의 정치는 소통의 정치였습니다. 그는 대결보다 '대화의 품격'을 정치의 기본으로 삼았습니다. 의견이 달라도 관계를 끊지 않았고, 상대를 설득하기보다 이해하려 했습니다. '정치는 싸움의 기술이 아니라 관계의 예술이다'는 그의 말은 지금도 제게 큰 울림으로 남아 있습니다. 누군가를 무너뜨리는 일이 아니라, 서로의 자리를 좁혀가는 일이라는 것. 그렇게 '대화하는 정치'는 이후 제 의정활동의 기본 태도로 자리잡게 됩니다. 이러한 철학은 단지 인품의 문제가 아니라 정책의 방식으로 이어졌습니다. 그는 '사람 중심 행정'을 늘 강조했습니다. 번듯한 도시개발보다 실질적인 주거복지, 허울뿐인 성장보다 내실있는 균형, 비인간적인 경쟁보다 함께 어우러지는 상생을 우선했습니다. 광진에서 생활정치를 펼쳤던 그 시절, 그는 교육과 복지, 주거와 환경이 서로 연결되어야 한다고 설계했습니다. 그 철학은 지금 제가 광진에서 실현하려는 비전의 뿌리입니다. 행정이란 결국 '사람이 사는 환경을 설계하는 일'이며, 그 설계는 데이터보다 사람의 온도에서 출발해야 한다는 그 믿음은 제 정치의 중심입니다.

김영춘의 길은 끝내 권력으로 향하지 않았습니다. 그의 목표는 늘 사람에게 있었습니다. 그가 말한 '생활 속의 정치, 사람 곁의 민주주의'는 지금 제가 걸어가는 지방정치의 정체성과 맞닿아 있습니다. 저 역시 주민의 일상 속에서 민주주의를 완성하고자 합니다. 아이의 통학로에서, 시장의 골목에서, 복지관의 식탁에서, 사람의 얼굴이 보이는 곳이면 어디든 정치의 현장이라 믿습니다.

그가 국가의 틀을 고민했다면, 저는 그 틀 안의 사람을 고민하려 합니다. 김영춘이 광진에서 시작한 생활정치의 씨앗이 이제 제 손에서 더 단단히 자리를 잡고, 광진의 민주주의를 사람의 언어로 완성해 가는 것. 그것이 선배에게서 이어받은 제 정치의 과제이자, 평생 지켜가야 할 민주주의의 방향입니다.

세대와 세대를 잇는
실용의 리더십

　　김영춘은 언제나 '사이'에 있던 정치인이었습니다. 기성세대의 책임감과 청년세대의 도전 정신 사이, 이념의 경직된 틀과 현실의 필요 사이, 그곳에서 그는 늘 다리를 놓는 사람이었습니다. 그만큼 그의 정치는 이념보다 실용에 가까웠고, 권위보다 설득에 닿아 있었습니다. 김영춘의 정치에서 가장 큰 덕목은 '세대의 언어를 통역하는 것'이었습니다. 지금의 저에게 그러한 리더십은 시대를 이해하는 가장 현실적인 정치의 방식으로 다가옵니다.

　　2000년 15대 국회에 첫발을 내밀었을 때 불과 30대였던 그는, 당시 '젊은 정치의 상징'이었습니다. 그는 국회 안팎에서 '기득권을 향한 변화'를 시도했습니다. 그의 정치는 늘 따뜻했지만 단단했고, 진보와 보수를 넘나들며 시대의 중간에서 균형을 잡았습니다. 하지만 당의 노선이 민심과 멀어지자, 미련 없이 당을 나왔습니다. 그 선택은 자신의 정치 기반을 버리는 결단으로 보였습니다. 하지만 그는 '정치는 진영이 아니라 방향'이라고 했습니다. 그의 그 한마디는 지금의 저에게도 늘 되새김이 됩니다. 정치의 본질은 싸움이 아니라 설득이며, 설득은 결국 '사람의 이해'에서 나온다는 것이죠. 그것이 김영춘의 실용주의 정치가 가진 핵심이었습니다. 그의 정치에는 유연함이 있었고, 그 유연함 속에는 철학이 있었습니다. 그는 늘 국민이 원하는 정치와 정치인이 해야 할 일을 구분했습니다. "좋은 정치란 원칙을 지키면서도, 사람들의 삶이 달라지게 만드는 일이다." 이 말은 그가 부산으로 향하던 날, 기자들 앞에서 남긴 말이기도 했습니다.

서울에서 이미 기반을 닦았던 정치인이, 그 모든 걸 내려놓고 민주당의 불모지 부산으로 향한 건 단순한 도전이 아니었습니다. 그는 '정치는 이기는 싸움을 하는 게 아니라, 옳은 싸움을 하는 것'이라고 말했습니다. 거기엔 그의 실용적 리더십 그 자체가 담겨 있습니다. 타협하지 않지만 유연하고, 냉정하지 않지만 현실적인 사람. 그가 그토록 중시했던 것은 '결과의 정의로움'이 아니라 '과정의 진정성'이었습니다. 다선 국회의원의 롱런이 보장되었을지도 모를 광진갑을 내려놓고 결단했던 부산진갑에서의 도전은 김영춘이라는 정치인의 가장 인간적인 장면입니다. 배수의 진. 그것은 단순히 '일개 서울 정치인이 지방으로 내려간 것'이 아니었습니다. 정치가 수도권의 언어로만 움직이는 현실을 바꾸고 싶었던 그는, 고향인 부산으로 생활 기반 자체를 옮기기 위해 이사했고, 그곳의 시장을 돌며 사람을 만나고, 청년들과 술자리를 나누었습니다. '정치인은 지역을 사랑하는 만큼 그 지역의 언어를 배워야 한다'고 늘 강조했으니까요. 그의 이 말은 지금 제가 광진에서 하는 모든 활동의 출발점과도 같습니다. 정치는 중앙이 아니라 현장에서, 이념이 아니라 사람의 언어에서 시작된다는 것. 그는 그 원칙을 행동으로 증명했고, 저는 그 정신을 이어가고 있습니다.

김영춘의 리더십은 무엇보다 '실용'이었습니다. "정치는 문제를 푸는 일이다." 그는 이러한 말로 거대한 이념보다 구체적인 해법을 택했습니다. 교육, 일자리, 청년, 환경, 복지 등 어떤 주제든 가리지 않고 늘 '현실적으로 가능한 해결책'을 제시하고자 했습니다. 해양수산부 장관으로 일하던 시절, 그는 '정책은 보고서가 아니라 현장에서 시작돼야 한다'며 어민들과 함께 바다로 직접 나갈 만큼 그는 책상 위의 그 어떤 수치보다 현장의 경험을 더욱 신뢰했습니다. 결국 그의 그러한 리더십은 데이터가 아니라 사람의 경험에서 출발했음을 알 수 있고, 그런 점에서 그는 늘 '행정의 언어'를 '사람의 언어'로 번역할 줄 아는 정치인이었습니다.

그의 실용은 타협이 아니라 '진짜 현실주의'였습니다. 그는 원칙 없는 타협을 가장 경계했지만, 현실을 무시하는 이상도 결코 용납하지 않았습니다. "원칙이 사람을 위한 것이어야지, 사람이 원칙을 위해 희생되어선 안 된다." 그의 정치가 늘 따뜻했던 이유는, 이처럼 인간 중심의 실용에 있었습니다. 정치는 논쟁의 기술이 아니라 문제 해결의 기술이라는 것, 그 진리를 그는 누구보다 먼저 깨달았고, 행동으로 보여주었습니다. 저는 김영춘의 정치에서 '실용'이라는 단어의 진짜 의미를 배웠습니다. 그의 실용은 타협의 다른 이름이 아닌 '사람을 살리는 기술'입니다. 예산이 막힐 때 그는 '조금 덜 쓰더라도 더 효율적으로 쓰자'고 했고, 정책이 멈출 때 그는 '합의가 늦더라도 함께 가자'고 했습니다. 그의 정치는 속도보다 방향에, 결과보다 과정에 방점을 찍었고, 그 과정의 중심에는 언제나 시민이 있었습니다. 그가 말한 실용은 결국 '시민이 납득할 수 있는 정치'였던 것입니다.

그의 정치가 저에게 남긴 또 하나의 교훈은 '세대의 언어'를 존중하는 자세였습니다. 그는 언제나 '세대 간의 갈등은 서로의 언어를 몰라서 생긴다'고 말하며 청년의 분노를 이해하려 애썼고, 노년의 보수적 시각을 무시하지 않았습니다. 그렇게 청년 정치인들에게는 현실 감각을, 기성 정치인들에게는 시대 감각을 요구했습니다. 김영춘이 보여준 리더십은 세대를 분리하는 정치가 아니라 세대를 잇는 정치였으며, 그 정신은 지금 전병주의 정치에서도 이어지고 있습니다. 저는 청년의 열정과 어르신의 경험이 함께 작동하는 지역사회를 꿈꿉니다. 정치는 세대의 대결이 아니라 세대의 공존을 설계하는 일입니다.

김영춘은 평생 자신을 낮추며 정치했습니다. "정치는 사람을 움직이는 일이지, 자리를 지키는 일이 아니다." 그가 마지막까지 일관되게 보여준 건 '겸손한 리더십'이었습니다. 권력의 자리에 있으면서도 언제나 사람의 자리로 내려왔고, 그곳에서 해답을 찾았습니다. 그의 리더십은 위에서 내려주는 통치가 아니라, 함께 어깨를 맞대는 동행의 정치였습니다. 저는 그 정신을 광진의 현장에서 다시 세우고 싶습니다.

정치는 결국 연결의 기술입니다. 세대와 세대, 행정과 시민, 이상과 현실을 잇는 그 연결선 위에서 김영춘은 평생을 걸었고, 저는 지금 그 길을 따라간다고 자부합니다. 그의 정치가 사람을 일으켰다면, 저는 그 사람이 살아가는 도시를 일으키고 싶습니다. 그가 서울과 부산을 잇는 다리였다면, 저는 정부·서울시 광진구를 잇는 다리가 되고 싶습니다.

김영춘의 실용적 리더십은 결국 사람을 중심에 두는 정치의 다른 이름이었습니다. 그리고 그 길의 끝에는 늘 같은 문장이 있습니다. "정치는 결국 사람이다." 그가 남긴 그 문장을, 저는 오늘도 제 일상의 중심에 새기며 살아갑니다.

현장에서 배운 '대화하는 정치'의 품격

　　김영춘의 정치는 언제나 현장에서 시작되었습니다. 그는 국회의원이었지만, 늘 '사람 사이'에 서 있는 정치인이었습니다. 누군가는 그를 "책상보다 시장을 더 잘 아는 사람"이라 불렀습니다. 그의 정치 방식은 거창한 구호나 설계도가 아니라, 대화와 경청에서 줄발했습니다. 정치가 말로 움직이는 일이라면, 김영춘의 정치는 듣는 것으로부터 움직였습니다. 그는 국회의원 시절에도 고급 차량 대신 구형 쏘나타를 타고 다녔습니다. 그러한 광경을 보는 보좌진들은 계속 불편해했지만, 그는 늘 웃으며 '국민이 걷는 길 위를 함께 걸어야, 정치가 현실을 잊지 않는다'고 말했습니다. 이러한 단순한 생활은 보여주기식 청렴이 아니라 태도의 문제였습니다. 김영춘은 정치인의 권위가 자리에서 나오는 것이 아니라,

태도에서 비롯된다는 걸 몸으로 증명했습니다. 그는 현장에 가면 항상 먼저 인사했고, 질문보다 귀를 열었습니다. 그가 지역을 돌 때면 늘 있었던 광경들이 떠오릅니다. 작은 식당, 낡은 의자, 그리고 주민들의 끝나지 않는 이야기들. 그는 그 속에서 정책의 단서를 찾았습니다.

김영춘의 정치는 대화를 통해 완성되는 과정이었습니다. 그는 종종 '정치는 설득이 아닌 신뢰의 축적'이라 말했습니다. 그래서인지 그의 대화법은 일방적이지 않았습니다. 그는 상대의 언어를 빌려 말했고, 상대가 납득할 때까지 설명했습니다. 그에게 '정치적 승리'란 상대를 이기는 것이 아니라, 끝까지 대화를 이어가는 일이었습니다. 그래서 그는 논쟁이 필요한 순간에도 공격보다 설득을 선택했습니다. 정치가 논쟁의 기술이 아니라 이해의 예술이라는 걸, 그는 누구보다 잘 알고 있었습니다.

광진갑 국회의원으로 활동할 당시, 그는 '생활정치'라는 말을 자주 썼습니다. 오늘날 우리 지역의 수많은 정치인들이 그 단어를 쓰게된 시초가 된 게 아닐까 싶습니다. 그만큼 그에게 생활정치는 단순히 소박한 행정이 아니라, 정책을 사람의 삶의 언어로 바꾸는 일이었습니다. 그는 매주 지역의 작은 모임에 빠지지 않았고, 때로는 주민과 함께 소주잔을 기울이며 그들의 사연을 들었습니다. '현장에서 답을 찾는 정치'가 바로 김영춘의 정치 방식이었습니다. "사람이 사는 현장을 모르는 정치인은, 사람의 삶을 바꿀 수 없다." 그의 말은 단순한 철학이 아니라 행동의 원칙이었습니다. 그의 대화는 언제나 상대의 입장에서 출발했습니다. 노동자들과 만나면 일터의 위험을, 어르신을 만나면 복지의 불균형을, 청년들과 대화할 때면 그들의 미래 불안을 먼저 물었습니다. 그는 정치를 '가르치는 일'로 보지 않았습니다. 오히려 '배우는 일'로 여겼습니다. "정치는 가르치는 일이 아니라 배우는 일이다. 국민이 스승이고, 정치는 그 뜻을 배우는 과정이다." 그가 한 말 중 제가 가장 깊이 새긴 말입니다. 이 문장은 지금도 제 정치의 원점에 있습니다. 대화의 본질은 말이 아니라 경청이고, 정치의 품격은 설명이 아니라 이해라는 것, 김영춘은 그 사실을 실천으로 보여준 정치인이었습니다.

김영춘의 '대화하는 정치'는 단순히 소통의 기술이 아니라 민주주의를 여기는 그의 태도였습니다. 그는 늘 '다름은 틀림이 아니다'라고 하며, 정치가 가장 먼저 배워야 할 것은 바로 그것이라고 했습니다. 정당 간 대립이 극심하던 시절에도 그는 상대 당 의원들과의 토론회에 자주 참석했고, 정견이 달라도 끝내 웃으며 악수를 잊지 않으며 상대를 '적'이 아닌 '동료'로 대했습니다. 그의 이런 태도는 어느 진영에도 속하지 않은 사람들로부터 더 큰 신뢰를 받았습니다. 그는 정치가 분열을 재생산하는 곳이 아니라, 갈등을 조율하는 공간이어야 한다고 믿었습니다. 그 신념은 단지 정치적 이상이 아닌, 그가 몸담았던 모든 현장에서 이미 실천된 가치였습니다. 그의 리더십은 '소통'이 아니라 '공감'에 있었습니다. 그는 말을 잘하는 정치인이 아니라, 이야기를 들어주는 정치인이었습니다. 국민은 화려한 말보다 진심을 원한다는 걸 김영춘은 알고 있었습니다.

그가 대화를 통해 보여준 가장 큰 덕목은 '겸손'이었습니다. 그는 권력을 가진 뒤에도 자신을 낮추었고, 자신을 중심으로 세상이 돌아간다고 생각하지 않았습니다. 그의 정치가 시대를 움직일 수 있었던 이유는 언제나 사람들의 곁에 있었기 때문입니다. 저는 김영춘의 정치에서 '대화의 품격'을 배웠습니다. 대화는 상대를 설득하기 위한 기술이 아니라, 상대를 존중하기 위한 태도라는 걸, 존경하는 선배인 그가 몸소 보여줬기 때문입니다.

미국의 제16대 대통령인 링컨은 '사람의 됨됨이를 알아보려면 그에게 권력을 쥐여줘 보라'고 말했습니다. 저는 이 말을 김영춘의 삶 속에서 보았습니다. 그는 권력을 가졌을 때 오히려 더 낮게 행동했고, 힘이 생겼을 때 더 조심스러웠습니다. 그 겸손이 곧 그의 권위였고, 그 낮음이 결국 그를 더 높게 만들었습니다. 김영춘은 정치가 말보단 태도로, 지위보단 품격으로 완성된다는 걸 그의 정치인생으로 증명했습니다. 저 또한 의정활동을 하며 그 철학을 잊지 않으려 합니다. 주민과의 면담 자리에서 의견이 엇갈릴 때, 저는 설득보다 설명을 택하고, 설명보다 경청을 먼저 택합니다. 이해관계가 첨예할수록 대화의 시간이 길어져야 한다는 걸, 그에게 배웠기 때문입니다. 그럴수록 주민은 '이해를 받았다'고 느끼고, 그렇게 단단한 신뢰 위에서 비로소 정치는 '설명 가능한 행정'으로 나아갑니다.

김영춘이 현장에서 펼친 정치의 핵심은 결국 '사람의 목소리를 정책으로 바꾸는 일'이었습니다. 저는 그 정신을 지방정치의 언어로 다시 옮기고 싶습니다. 정치는 숫자가 아니라 관계로 움직이기 때문에 대화가 단절된 행정은 냉정해지고, 대화가 살아 있는 행정은 따뜻해집니다. 그래서 저는 지금도 구청이나 시청 관계자들과 만날 때마다 '정책의 보고'보다 '사람의 의견'을 먼저 듣는 소통의 시간을 의식적으로 마련합니다. 그렇게 만나고 소통하는 분들의 목소리에서 더 나은 행정의 길이 열리기 때문입니다.

김영춘은 정치의 언어를 사람의 언어로 바꾼 사람입니다. 그의 대화는 늘 따뜻했고, 그래서 오래 남습니다. 그 따뜻함은 지금의 정치가 잃어버린 품격입니다. 정치는 대결이 아니라 관계의 회복이며, 그 회복의 시작은 언제나 대화에 있습니다. 김영춘은 그 사실을 몸으로 보여준 정치인이었습니다. 이제 저는 그 정신을 '현장'에서 이어가고자 합니다. 김영춘이 말로 대화했다면, 저는 발로 대화하고자 합니다. 사람과 사람 사이의 신뢰를 다시 세우는 일, 그것이 지방정치의 본질이며, 제가 걸어온 길의 의미입니다. 그가 '사람 곁의 정치'를 만들었다면, 저는 '사람 속의 정치'를 완성하고자 합니다.

이제 김영춘의 철학이 전병주의 실천이 되어, 광진구 곳곳의 골목과 회의장을 비롯한 현장 구석구석에서 그 대화는 계속 이어지고 있습니다.

6장 ● 걸어온 길 - 언제나 주민과 함께

구의원에서 시의원까지, 현장 정치 여정

정치는 현장에서 배운다고 믿습니다. 돌아보면 제 정치의 시작도 늘 현장이었습니다. 주민의 목소리를 가까이서 듣는 자리에서 출발했고, 지금도 그 자리를 떠나지 않고 있습니다. 2014년 광진구의원에 도전할 때의 마음을 저는 아직도 또렷이 기억합니다. 사실 거창한 구호라기 보단 단순한 다짐이었습니다. 당시 광진구는 빠르게 변하고 있었지만, 행정의 속도는 그 변화를 따라가지 못하고 있다는 느낌이 많았습니다. 좁은 골목길의 가로등 하나, 놀이터의 철봉 하나를 바꾸는 데에도 수많은 절차가 필요했습니다. 그러한 과정들을 지켜보며, 정치는 구체적인 행정이어야 한다는 사실을 깨닫게 됩니다. 그렇게 저는 '책상 위의 정치'가 아니라 '현장의 정치'를 하겠다고 마음먹었습니다. 회의보다 현장을, 보도자료보다 사람을 우선했습니다.

　구의원 시절, 저는 지역의 골목길을 하루에도 몇 번씩 걸었습니다. 민원이 접수되면 직접 현장 사진을 찍고, 구청 담당자에게 연락해 바로 조치를 요청하고, 기한이 지나면 완료 여부를 꼭 확인했습니다. 주민센터 옆 어두운 통로에 조명을 추가해 달라는 민원, 노후 놀이터의 안전시설 교체, 보행로의 경사 완화 등 사소해 보이는 일들이었지만 그 하나하나가 정치의 본질이었습니다. '좋은 행정은 속도가 아니라 방향'이라는 것을 새삼스럽게 깨닫게 되는 날들이었습니다.

　또한 그 이후 제가 가장 중요하게 생각한 건 교육과 생활환경이었습니다. 학교의 낡은 창문과 냉난방기, 통학로의 안전 문제를 해결하는 일은 단순한 시설 보수가 아니라 우리 아이들과 주민들의 일상을 지키는 일이었습니다. 아이들이 안전하게 등교하고, 웃으며 공부할 수 있는 환경이 지역의 품격을 결정한다고 믿었습니다. 예산을 확보하기 위해 담당자와 여러 차례 의논했고, 학교 관계자들을 만나 함께 현장을 돌았습니다. 결과적으로 학교 창문이 새로 달리고, 안전 펜스가 보강되는 모습을 보면서 '행정의 본질은 사람의 하루를 바꾸는 일'이라는 걸 확고히 하게 됩니다.

　2018년, 저는 서울시의회 의원으로 당선되어 의정활동 무대를 서울시로 확장하였습니다. 지역에서 쌓은 경험을 제도화하고 싶었습니다. 주민이 체감하는 변화가 일회성이 아니라 제도 속에서 지속되려면, 광역 단위에서 행정의 틀을 바꾸는 일이 필요하다고 생각했기 때문입니다. 시의원으로 처음 선출된 이후, 교육위원회에 배정되어 활동을 시작했습니다. 구의회에서 배운 생활정치의 연장선이자, 현장을 제도의 언어로 옮기는 새로운 출발이었습니다. 서울시의회는 단순히 의결의 장이 아니라, '정책의 설계도'를 그리는 공간이었습니다. 구의원 시절이 현장의 온도를 느끼는 시간이었다면, 시의원 시절은 행정의 구조를 이해하는 시간이었습니다. 학교 시설 개선 사업의 예산 구조를 처음 다룰 때, 저는 숫자보다 사람을 먼저 떠올렸습니다. 회계 항목 속의 '창호 교체'라는 단어가, 제 눈에는 아이들의 안전과 쾌적함으로 보였습니다. 그래서 예산 심의 과정에서 언제나 '효율보단 체감'을 강조했습니다. 행정의 효율은 기관의 편의일 수 있지만, 체감은 시민의 삶이기 때문입니다.

재선 이후 교육위원회 부위원장을 맡게 되면서, 저는 행정의 무게라는 걸 더욱 깊이 느끼게 됩니다. 직책을 얻는다는 건 단순히 권한을 얻는 일이 아닌, 책임을 나누는 일이기 때문입니다. 회의를 주재하고 조례를 검토하는 과정에서, 정치가 '절차'가 아닌 '조율'이라는 사실을 늘 체감했습니다. 행정과 현장, 교육청과 학부모, 학교와 교사 사이의 온도 차이를 줄이는 일. 저는 그 간극을 메우는 조정자가 되고자 했습니다. "책임은 위에서 지되, 답은 아래에서 찾자." 서울런, 유보통합, 학교 시설 개선 등 굵직한 현안을 다루면서도 저는 늘 같은 자세를 유지했습니다. 정책의 방향은 위에서 결정되지만, 정책의 정답은 언제나 현장에 있기 때문입니다. 회의가 끝나면 지역으로 돌아와 학교나 복지시설을 직접 방문해 그들의 일상이 행정의 숫자와 얼마나 맞물려 있는지를 확인했습니다. 현장은 언제나 보고서처럼 답을 알려주었습니다.

그 과정에서 여러 조례를 대표 발의했습니다. '서울특별시 학생 인성교육 진흥 조례', '서울특별시교육청 계약심의위원회 구성 및 운영 조례 개정안', '서울시의회 청렴문화 조성 및 지원 조례' 등이 그것입니다. 서로 다른 주제를 다루지만, 모든 조례의 출발점은 '행정은 사람이 납득할 때 완성된다는 믿음'이었습니다. 교육의 질은 지식이 아니라 인성에서, 행정의 신뢰는 규제가 아니라 청렴에서, 그리고 정책의 품격은 효율보다 이해에서 비롯된다는 신념이었습니다. "왜 그렇게 꼼꼼하냐." 의원 생활 내내 들었던 말입니다. 하지만 저는 정치의 꼼꼼함은 불신의 표현이 아니라, 시민의 세금을 지키는 예의라고 믿었습니다. 조례의 문장 한 줄, 예산 항목 하나가 시민들의 삶에 미치는 영향은 결코 적잖기 때문입니다. 행정의 디테일이 사람의 품격을 결정하는 순간, 정치가 제 역할을 다한다고 믿었습니다.

서울시당 대변인으로 활동하면서 저는 '정치의 언어'를 '사람의 언어'로 바꾸려 노력했습니다. 당의 입장을 전달하는 일은 단순한 홍보가 아니라 설명의 정치이기 때문입니다. 정치는 신뢰로 세워지는 일이고, 신뢰는 언제나 설명에서 비롯됩니다. 그래서 저는 모든 논평의 첫 문장을 '왜'로 시작하려 합니다. '왜 이 정책이 필요한가?', '왜 이 변화가 시민의 삶에 영향을 주는가?' 정치는 그 '왜'를 끝까지 설명하는 일이라 믿습니다.

돌이켜보면, 정치의 길은 속도가 아니라 방향의 문제였습니다. 광진구의원으로 시작해 서울시의원으로 이어진 제 여정의 중심에는 언제나 사람의 삶이 있었습니다. 행정은 제도를 다루지만, 정치는 마음을 다룹니다. 그 마음을 잃지 않으려 했고, 그래서 지금도 현장을 걷습니다. 전병주의 정치는 화려하지 않았지만, 단단했습니다. 정치는 멀어질수록 사람 곁으로 다가가야 한다는 믿음. 제 정치의 단단함은 이러한 믿음에서 비롯되었습니다. 그 믿음 하나로 저는 지금도 하루를 시작합니다.

지난 12년 동안 걸어온 길은 저에게 '직책의 변화'가 아니라 '태도의 성장'이었습니다. 정치는 자리를 옮기는 일이 아니라, 마음을 확장하는 일입니다. 그 길 위에서 배움으로 가득했던 시간을 소중히 하며, 앞으로 다가올 시간 또한 소중한 배움과 깨달음으로 언제나 가득 채워질 것입니다.

이정헌과의 동행,
정치의 실천을 배우다

저에게 이정헌 의원은 '정치적 동지'이기 전에, 한 사람의 언어와 태도로 저를 설득하는 친구이자 스승입니다. 기자의 시선으로 사회를 관찰하던 사람이 의회로 들어온 뒤에도 말보다는 삶으로 증명하려 애쓰는 모습, 논리보다 신뢰의 속도를 택하는 진심, 그리고 '말은 사람을 살리는 것'이라는 품격이 가득 어린 신념까지. 저는 곁에서 그 모든 과정을 지켜보았습니다. 그와 함께한 시간은, 정치는 결국 사람의 마음에서 시작해 다시 사람에게 돌아오는 일임을 확인하는 여정이었습니다.

일개 시의원과 친분 두터운 기자 관계였던 우리의 인연은, 그가 광진갑 출마를 결심하면서 비로소 정치적 동행으로 이어졌습니다. 저는 2023년 7월, 서울시의회 기자실에서 열린 그의 출마

선언을 준비부터 마무리까지 함께했습니다. 선언문 곳곳에는 '정치는 권력을 쌓는 일이 아니라 나누는 일이어야 한다'는 그의 철학이 담겨 있었습니다. 기자회견이 끝난 뒤, 텅 빈 의자 사이를 천천히 걸어 나오던 그의 뒷모습을 저는 아직도 기억합니다. 말보다 담담한 표정으로, 각오가 과장되지 않은 모습 그 자체였습니다. 그날 이후 우리는 새벽부터 밤까지 모든 하루를 겹쳐 쓰기 시작했습니다. 비가 오면 함께 우산을 들었고, 논쟁이 필요하면 함께 자리에 앉았습니다. 마이크를 잡을 때보다 시장 골목에서 주민의 이야기를 들을 때, 그는 훨씬 더 빛나는 사람이었습니다.

민심은 언제나 정직합니다. 우리가 한 일은 민심을 바꾸려 애쓴 것이 아니라, 민심을 정확히 듣는 일이었습니다. 그래서 우리는 '빠르게'가 아닌 '깊게'를 선택했습니다. 청년들이 모인 골목에서는 일자리와 주거를, 어르신들의 경로당에서는 돌봄을, 상인회에서는 카드수수료·임대료 같은 생활 의제를 먼저 꺼냈습니다. 그는 힝싱 '정치는 대화의 속도로 간다'고 합니다. 저는 그 말의 의미를 골목마다 배우며 함께 걸었습니다. 때로는 문장 하나를 놓고도 주민 앞에 서기 전까지 몇 번이고 설명을 고쳐 읽었습니다. 설득은 언성의 문제가 아니라, 진심의 밀도라는 걸 알기 때문입니다.

2024년 4월 10일, 제22대 총선에서 그는 광진갑에서 당선되었습니다. 지역 언론과 방송은 '전 JTBC 앵커'라는 이력과 함께,

현장 중심의 생활형 유세가 만들어낸 진득한 발걸음을 주목했습니다. 선거 직후 여러 매체에서 전한 보도들은, 우리가 현장에서 느꼈던 민심의 결론과 다르지 않았습니다. 당선 다음 날, 우리는 이른 새벽 다시 거리로 향했습니다. 선거 전과 다르지 않은 속도와 태도로, 같은 자리에서 같은 사람을 만나는 일이 정치의 처음이자 끝임을 서로 알고 있었기 때문입니다.

초선이지만 그는 '보여주기'보다 '준비'를 택했습니다. 회의 자료는 더 치밀해졌고, 현장 일정은 더욱 빽빽해졌습니다. 국회 상임위원회에서는 정보·공공성·교육 등 변해가는 정보화 사회를 살아가는 우리 국민 생활과 직결된 의제에 특히 집중하였습니다. 특히 2025년 8월에 있었던 EBS법 개정안에 대한 필리버스터에서 그는 무려 10시간 48분 동안 형식이 아닌 내용으로 승부를 건 토론을 진행했습니다. 밤과 새벽을 넘긴 발언의 마지막 순간에 보좌진 한 사람 한 사람의 이름을 부르며 고마움을 전하던 그 모습에서, 저는 이 시대 정치가에게 필요한 두 가지 조건인 실력과 품격을 동시에 충족하는 진정한 정치인의 모습을 마주했습니다.

그와 함께 일하며 몇 가지 확실히 배운 것들이 있습니다. 먼저, '정치는 설명의 의무'라는 것입니다. 우리는 회의에서든 현장에서든, 규모보다 이유부터 설명했습니다. 왜 지금 이게 필요한지, 누구의 일상을 어떻게 바꾸는지, 우리의 삶 어디에 닿는지부터 말했습니다. 설명은 시간을 요구했지만, 그 시간은 결국 신뢰가 되었습니다. 둘째, '정치는 태도의 문제'입니다. 이정헌은 권위를 장식처럼 쓰지 않았고, 직함을 거리두기의 도구로 쓰지 않습니다. 생활의 청렴은 보여주기가 아니라, 매일 거듭되는 일상 속의 선택이자 습관입니다. 셋째, '정치는 연대의 기술'이라는 사실입니다. 기초·광역의회를 비롯한 지역정치가 중앙정치와 서로 어깨를 나란히 하고 머리를 맞대야 정책이 완성됩니다. 저는 이를 위해 지역위원회 사무국장 직책을 맡아 기꺼이 가교가 되고자 했고, 그는 중앙에서 지역의 목소리를 더 크게 만들고자 오늘도 노력하고 있습니다.

이정헌의 정치는 물처럼 낮은 곳으로 흐릅니다. 그의 연설은 또렷하고 선이 굵은 목소리 톤처럼 때로는 우렁참으로 가득하지만, 그의 선택은 늘 부드럽습니다. 막히면 돌아가고, 돌아가도 결국 목적지에 닿는 물길처럼 그는 싸움보다 해법을 찾았습니다. 저는 그에게서 '승리의 정치'가 아니라 '해결의 정치'를 배웠습니다. 갈등은 사람의 체감으로 판가름이 나며, 속도가 아닌 절차의 공정으로 풀린다는 것, 정책은 정책 담당자의 언어가 아니라 시민의 언어로 쓰여야 한다는 것. 어찌 보면 너무나 당연한 명제로 여기겠지만, 그는 매일의 실천으로 저와 지역의 주민들께 보여주고 있습니다.

선거가 끝나도 우리는 다른 속도로 움직이지 않았습니다. 청년 간담회를 열면 바로 후속 면담을 잡고, 지역 주민의 정책 제안서를 받으면 보좌진 검토를 통해 해당 부서로부터 답을 받았습니다. 그는 '정치는 서랍 속 메모가 아니라, 다음 행동의 체크리스트'라는 원칙을 늘 강조합니다. 주민에게 약속한 일을 '진행 중'이라는 말로 넘기지 않기 위해, 우리는 사안마다 진행 상황을 체크하고 일정을 공유했습니다. 누구에게 어떤 답을 언제까지 주기로 했는지, 의회에서 집행부를 통해 각각 무엇을 언제까지 할 것인지를 항상 염두에 두고 다녔습니다. 정치가 시스템의 얼굴을 가질 때, 시민은 비로소 안심합니다.

"두 분이 닮았네요." 그와 함께 현장을 다니면 자주 듣는 말입니다. 저는 당연히 그 말이 외모나 말투를 두고 한 이야기가 아니라고 생각합니다. 우리가 닮은 건, 현장에 서는 방식입니다. 먼저 듣고, 충분히 설명하고, 약속을 일정으로 만들고, 결과를 다시 주민에게 보고하는 방식이죠. 정치는 감동이 아니라 신뢰로 오래갑니다. 그래서 우리는 감동을 만들려 들지 않고, 신뢰를 쌓으려 늘 애쓰고 있습니다.

그의 청렴과 소통, 현장 철학은 저의 의정활동을 더 단단하게 만들었습니다. 제가 서울시의회 교육위원회에서 '성과'보다 '설계'를 먼저 보게 된 것, 개별 사안이나 사업의 크기보다 목적을 이루어가는 과정의 투명성을 더 따지게 된 것 또한 그와의 동행에서 비롯됐습니다. 공정은 원칙의 언어로만 서지 않고, 효율은 숫자의 언어로만 완성되지 않습니다. 앞선 여러 군데에서 언급한 것처럼, 공정과 효율 사이를 잇는 다리는 '납득'입니다. 이 다리를 놓는 일, 그게 우리가 매일 하는 정치의 본업입니다.

무엇보다 저는 그와 함께 '정치는 삶을 바꾸는 일'이라는 가장 단순한 정의로 돌아왔습니다. 고된 필리버스터의 밤이 지난 후 그는 카메라가 없는 의원실에서 함께해준 보좌진들의 손을 꼭 잡아주었고, 쌓여있던 주민들의 격려 메시지에 일일이 답을 해줬습니다. 그렇게 그는 이름을 불러주고, 수고를 기억합니다. 그것이야말로 정치의 품격이라고 생각합니다. 말은 커질 수 있지만, 품격은 작아야 합니다. 작게 묻고, 작게 메모하고, 작게 감사하는 정치. 그 작은 반복이 쌓여, 어느 날 큰 신뢰가 된다고 믿습니다.

저는 오늘도 광진의 길에서 이정헌과 함께, 그에게 배운 방식을 되풀이합니다. 주민에게 먼저 다가가고, 서로의 다름을 있는 그대로 받아들이며, 약속을 일정으로 바꾸고, 결과를 설명하는 일입니다. 비록 보기엔 느려 보이지만, 그 길이 가장 멀리 간다고 믿습니다. 이정헌 의원이 국회에서 '국가의 언어'를 사람의 언어로 번역한다면, 저는 지역에서 '행정의 언어'를 사람의 언어로 바꾸겠습니다. 중앙과 지역이 서로의 문장에 따뜻함을 더할 때, 도시는 비로소 사람답게 자랍니다.

이렇듯 정치는 늘 '함께'라는 한 단어로 요약됩니다. 저는 그 '함께'를 진심으로 실천하는 정치인 이정헌을 곁에서 보고, 배우고 있습니다. 그래서 저는 '이정헌과 함께 신명나는 정치를 배우고 있다'는 말을 자주 합니다. 그리고 그 배움은 결국 주민 곁에서 시작해 주민에게로 돌아가는 길이라는 것 또한 잘 알고 있습니다. 우리의 동행이 우리 광진구의 일상을 조금씩 바꿀 수 있다면, 그 변화의 첫 문장은 언제나 같습니다.

사람을 먼저 생각하는 정치. 이정헌과 전병주는 그 믿음을 함께 실천하고 있습니다.

함께 만든 변화,
주민의 삶을 바꾼 성과들

　제가 정치를 시작한 이래 가장 확고하게 붙들고 있었던 원칙이 있습니다. 정치는 완성된 결과물이 아니라, 사람의 삶이 바뀌는 순간에 비로소 의미를 갖는 일이라는 믿음입니다. 그 변화가 책상 위의 설계로 끝나지 않고, 골목길의 어르신과 등굣길의 아이, 가게 앞을 지키던 상인의 얼굴을 통해 체감될 때야 비로소 저는 '정치가 제자리를 찾았다'는 확신을 갖습니다. 그리고 그 변화의 중심에는 언제나 주민 여러분이 계셨습니다. 광진구의원으로 시작해 서울시의원으로 이어진 지난 12년의 여정에서, 저는 늘 '변화를 누가 만들었는지'보다는 '누구와 함께 만들어냈는지'를 먼저 떠올립니다. 정치는 결국 혼자가 아닌, 함께 걷는 일이기 때문입니다. 그간 저는 주민과의 약속은 '이행'의 대상이 아닌,

'공동 실천'의 과정이라는 믿음으로 걸어왔습니다.

첫 발걸음은 언제나 학교와 아이들에게로 향했습니다. 교문 앞에서 학부모들의 호소를 들으며 시작된 통학로 개선, 오래된 창문과 바닥 교체, 방과 후 돌봄 교실 확충 등등의 성과들은 단순한 행정이 아닌, 아이들이 안전하고 부모가 안심할 수 있는 환경을 만들고 싶은 제 마음의 표현이었습니다. 예산은 언제나 한정적이었지만, 저는 그것을 '집행'이 아닌 '설계'의 문제로 여겼습니다. 현장의 이야기를 중심에 두고 설계된 예산은 숫자가 아니라 사람의 일상으로 환원됩니다. 그렇게 바뀐 교실 안에서 아이들이 웃고, 일하기 정말 좋아졌다는 선생님들의 이야기를 들을 때마다, 정치가 어디에서 출발해야 하는지를 새삼 느끼게 됩니다.

특히 조례는 단지 선언적인 문장이 아니라, 사람의 언어라는 걸 수없이 깨닫습니다. '아이 키우기 좋은 동네'라는 말은 이제 구호가 아니라, 주민들이 직접 만들어주신 현실입니다. 저는 『서울특별시 출산 및 양육지원 조례』 개정을 통해, 양육의 어려움을 줄이고 아이와 부모가 함께 존중받는 지역을 만들고자 했습니다. 부모의 손을 빌리지 않아도 안심할 수 있는 보육환경, 지역 곳곳의 공동육아센터, 아이와 보호자가 함께 머무는 공간, 이 모든 것들은 정책이 아니라 주민 여러분의 삶 속에서 출발한 변화였습니다. '아이를 낳고도 불안하지 않은 동네를 만들어 달라'는 부모님들의 절실한 목소리는 제겐 가장 값진 정치의 교과서이자, 지금도 제 발걸음을 재촉하게 만드는 약속입니다. 구의원 시절 제정에 참여했던 『광진구 장애인 문화예술활동 지원 조례』와 『민주시민교육 조례』는 우리 광진구가 조금 더 넓은 품을 가진 공동체로 발전하길 바라는 마음에서 시작됐습니다.

서울시의회 구성원이 된 이후에도 그 철학은 변함이 없습니다. 『서울특별시 장애인 가족 지원 조례』, 『서울특별시교육청 인성교육 진흥 조례』, 『청렴문화 조성 조례』 등 발의했던 조례들 모두 '사람 중심 행정'이라는 신념의 다른 표현이었습니다. 돌봄의 사각지대를 줄이고, 아이들의 마음을 다독이며, 행정의 신뢰를 높이는 그 과정마다 주민 여러분의 손길과 목소리가 고스란히 담겨 있습니다. 정치는 때로는 지켜야 할 것을 지키는 일에서 빛이 납니다.

서울시 학생인권조례 폐지 논란이 있었을 때, 저는 한 걸음도 물러서지 않았습니다. "어떤 제도도 학생인권조례를 대체할 수 없다." 그 자리에 학생이 있었고, 교사가 있었고, 학부모가 있었습니다. 그들의 목소리를 대신해 발언하고, 토론하고, 설득했습니다. 때로는 고독했고, 쉽지 않았지만, 그 과정에서 얻은 건 '교육은 사람을 중심에 둘 때 존엄을 가진다'는 단 한 가지 확신이었습니다. 학교의 공공성이 지켜지는 순간, 우리는 아이들에게 '존중이 살아 있는 교실'을 물려줄 수 있다는 그 믿음 하나로 저는 지금까지 교육위원회의 한 자리를 지켜왔습니다.

정치는 또한 권력의 중심을 향해 말해야 할 때가 있습니다. 저는 서울시의회 본회의 시정질문에서 오세훈 시장에게 물었습니다. "시민의 삶이 먼저입니까, 개발의 속도가 먼저입니까?" 그리고 교육 현안을 논하며, 시장이 "고소득층 자제와 저소득층 아이들"이라는 표현을 사용했을 때, 저는 또한 단호히 맞섰습니다. "그 말에는 이미 선이 그어져 있습니다. 아이를 구분하는 순간, 교육의 공공성은 무너집니다. 어느 부모의 자녀이든 같은 출발선에서 꿈꿀 수 있어야 합니다." 그 공방은 단순한 논쟁이 아니라, 서울의 교육을 다시 사람 중심으로 돌려세우기 위한 싸움이었습니다. 저는 항상 같은 질문을 던졌습니다. "우리가 만드는 제도가 사람들의 일상에 닿고 있습니까?" 그 발언 후 여러 공무원과 동료 의원들이 찾아와 '결국 행정의 본질을 짚어냈다'는 말을 해줬습니다. 그 말을 들으며 정치는 말로 싸우는 것이 아니라, 말로 삶을 바꾸는 일이라는 것을 다시금 확신했습니다.

일상의 불편함을 줄이는 일 또한 정치가 존재해야 하는 이유라고 믿습니다. 중곡역 출입구에 비가림 캐노피를 세우고, 하수관을 정비하고, 보행로를 새로 깔고, 어르신들이 자주 다니는 골목길의 가로등을 교체하는, 이 모든 일들은 거대한 정책에서 출발한 게 아닙니다. 그것은 단지 '비 오는 날 학교 가기가 힘들다', '밤길이 너무 어둡다'라는 주민 여러분들의 한마디에서 시작되었습니다.

그 목소리를 듣고 움직이는 것, 그것이 제 도리이자 정치의 본원이라 믿습니다. 정치는 결국 불편함이 줄어드는 경험으로 증명되는 일입니다. 돌이켜보면 제가 발의한 조례와 확보한 예산, 추진한 사업들은 모두 주민이 먼저 제안하고, 저와 함께 걸어주셨기에 가능했습니다.

정치는 결과보다 과정이고, 성과보다 사람이 남는 일입니다. 그래서 저는 '내가 했다'가 아닌, '함께 해냈다'라고 늘 말합니다. 아이들이 웃으며 뛰는 골목, 상인이 셔터를 내리며 내일의 희망을 이야기하는 밤, 경로당 어르신이 요즘은 정말 편해졌다는 독백으로 미소 짓는 그 순간들 하나하나가 제게는 정치가 사람의 얼굴을 되찾는 시간입니다. 그 얼굴에는 제 얼굴이 아닌, 주민 여러분의 얼굴이 담겨 있습니다. 앞으로도 저는 주민이 먼저 의견을 내고, 우리가 함께 설계하며, 정책이 삶 속으로 스며드는 과정을 이어가려고 합니다.

오늘도 저는 길을 걷습니다. 말보단 진심으로, 그 길 위에서 저는 오늘도 여러분과 함께 걷습니다.

3부

사람이 자라는 도시, 광진의 내일로

비전과 미래
"사람 중심 도시, 광진의 완성"

7장 ● 교육으로 잇는 도시의 미래

교육이 곧 복지,
배우는 도시의 가치

저는 교육 그 자체가 복지이며, 도시가 사람을 품는 방식이라고 믿습니다. 아이가 배울 기회를 공평하게 얻고, 부모는 걱정을 덜며, 어르신은 배움으로 관계를 이어갈 수 있다면 그 도시의 복지는 이미 상당한 수준으로 완성된 것입니다. 그래서 제 정치와 의정활동은 언제나 '배우는 도시'를 향하고 있었습니다. 학급의 크기나 시험 성적을 넘어, '배움이 일상의 공기처럼 스며드는 도시'. 제가 그리고 싶은 광진의 내일입니다.

교육이 복지인 이유는 분명합니다. 첫째, 교육은 불평등을 줄이는 가장 지속가능한 방법입니다. 지역별 교육 여건과 학습 환경의 차이는 곧 출발선의 차이로 이어집니다. 저는 이 지점을 핵심적인 해결 과제로 삼아왔습니다. 학교의 오래된 시설을 새것으로 바꾸고, 방과 후 시간을 안전한 돌봄과 학습으로 채우며, 지역의 도서관과 체육시설을 학교와 연결해 쓰는 일은 단순한 행정이 아닌 기회의 재분배라고 여깁니다. 배움의 문턱이 낮아질수록 아이들의 선택지는 넓어지고, 부모의 불안은 줄어들기 때문이죠.

두 번째로, 교육은 공동체의 신뢰를 키웁니다. 마을을 향해 교문을 열고, 마을의 공간을 아이들에게 열면 그 장소는 바로 복지 인프라가 됩니다. 저는 오래전부터 '학교와 마을을 잇는 학습공동체'를 구상해 왔습니다. 교사·학부모·주민이 함께 참여하는 일명 '마을교육협의체'를 제도화하고, 방과 후엔 운동장·체육관·도서관을 공유하면서 지역의 재능과 시간을 아이들의 배움으로 연결하고 싶은 구상입니다. 공동체의 구성원들이 서로의 성장에 관여할 때, 도시는 더 안전하고 따뜻해집니다.

세 번째, 교육은 세대를 이어줍니다. 아이에게는 돌봄, 청년에게는 성장의 기회, 부모에게는 커뮤니티, 어르신에게는 평생학습이 필요합니다. 청소년 커뮤니티와 지역 돌봄, 시니어 평생교육이 한 축으로 이어지는 구조가 그래서 필요합니다. 학습·상담·놀이를 결합한 청소년 공간, 초등학생의 돌봄 공백을 메우는 돌봄센터, 기억력 향상을 위한 인지훈련과 문화적 활동 무대를 갖춘 시니어 학습공간을 한 지역 안에 마련하여 촘촘히 잇는 구조입니다. 아이의 웃음과 어르신의 배움이 한 지붕 아래 공존할 때, 그 도시는 나이를 이유로 누구도 소외되지 않는 도시가 됩니다.

교육은 철학이자 실행입니다. 저는 교육정책에서 총론과 각론을 나누어 생각하지 않습니다. 방향이 정해지면 동시에 실행되어야 하고, 현장의 필요가 곧바로 정책의 근거가 되어야 합니다. 그래서 『서울특별시 교육청 디지털 리터러시 교육 지원 조례』를 대표로 발의해 아이들이 AI 시대에 필요한 비판적 사고와 정보 이해력을 갖추도록 제도적 토대를 만들기도 했습니다. 또한 『서울특별시 출산 및 양육지원 조례』를 고쳐 아이와 부모가 함께 존중받는 환경을 마련했고, 학교 밖에서도 학습과 돌봄이 이어지도록 인프라 확장 근거를 만들었습니다. 하지만 법과 예산은 수단일 뿐입니다. 중요한 건 그 수단이 어떻게 구체화 되어 우리 모두의 삶을 어떻게 바꾸는가입니다.

무엇보다 '포용'은 선택이 아니라 기준이어야 합니다. 장애가 있는 학생을 비롯해 다문화·한부모·조손가정의 아이들이 학습의 장에서 밀려나지 않도록 선생님과 함께 언어·정서 관련 프로그램들을 늘리고, 다양성에 대한 교육을 강화해야 합니다. 학교는 지식을 전달하는 곳을 넘어, 자존감과 관계를 회복하는 공동체가 되어야 합니다. 아이를 끝까지 붙드는 도시가 바로 복지를 최우선으로 두는 도시입니다.

또한 배우는 도시는 경제에도 이롭습니다. 기업은 사람을 보고 지역을 선택합니다. 공공학습공간과 디지털 역량, 그리고 촘촘한 돌봄 인프라가 갖춰진 도시에는 청년이 머물고 가족이 돌아옵니다. 지역의 상권과 문화가 살아나는 길 역시 배움에서 시작됩니다. 교육은 비용이 아니라 투자이며, 가장 장기적인 성장 전략입니다.

저는 행정의 언어로만 교육을 말하지 않겠습니다. "의원님, 교육은 아이의 미래를 바꾸는 게 아니라 부모의 불안을 덜어주는 거예요." 언젠가 지역의 어느 학교 앞에서 만난 학부모님의 말씀은 제 방향타가 되었습니다. 이처럼 배우는 도시의 가치는 숫자가 아니라 마음의 온도에서 드러나게 됩니다. 아이가 자기의 속도로 자라고, 부모는 늘 안심하며, 어르신들께선 배움으로 하루를 시작하는 도시가 되는 건 어렵지 않습니다. 그리고 그러한 일상의 변화가 미래 광진의 품격을 결정할 것입니다.

이렇듯 교육은 도시의 미래이고, 복지의 현재입니다. 배움이 일상이자 안전이면서 기회가 될 수 있는 광진구를 향해 한 걸음 더 나아가겠습니다. 교실에서 변화가 시작된다면, 그 변화는 곧장 골목으로 흘러가고, 결국 그렇게 도시 전체의 문화는 바뀔 것입니다. 그 길에서 저는 주민 여러분과 같은 속도로, 함께 걷겠습니다.

학교와 마을을 잇는 학습 공동체의 필요성

　학교는 더 이상 담장 안의 공간으로 머물러서는 안 됩니다. 배움은 교실 안에서 시작되지만, 그 끝은 마을 속에서 완성되기 때문입니다. 아이들의 성장과 주민의 삶이 분리된 도시에서는 진짜 교육이 자라날 수 없습니다. 저는 오래전부터 학교가 지역사회의 중심이 되고, 마을이 교육의 울타리가 되는, '학교와 마을을 잇는 학습 공동체'를 제가 그리고 싶은 광진의 미래로 그려왔습니다.

　도시의 시간은 변할지 모르겠지만, 공간은 그대로 남습니다. 인구 감소나 학령인구 축소로 문을 닫은 학교, 이전한 옛 공공청사나 부지 등이 그렇습니다. 문제는 그 빈자리를 어떻게 채우느냐입니다. 민간개발이나 단발성 임대를 이야기하는 분들도 계시지만, 저는 그것이 도시의 품격을 지키는 길은 아니라고 생각합니다. 이 공간들은 단순한 부동산이 아닌 세대가 머물렀던 '공공의 기억'입니다. 그 공간을 가장 공공의 방식으로 되살리는 일은 곧 도시의 기억을 이어가는 일입니다.

해답은 바로 '지역 학습 공동체 거점'으로의 전환입니다. 비어 있는 교정과 강당, 교실을 다시 열어 시민의 학습공간으로 바꾸는 일은 도시재생이자 교육복지입니다. 아이들이 방과 후에 이용할 수 있는 메이커스페이스, 청년들이 창업과 진로를 모색할 수 있는 코워킹존, 어르신이 평생교육을 이어갈 수 있는 시니어 교실, 지역 예술인과 강사들이 강연과 전시를 열 수 있는 열린 문화관이나 소극장 등의 다층적 공간 활용이 바로 학교와 마을을 잇는 새로운 형태의 공공교육입니다. 복합 커뮤니티센터. 행정의 언어로는 단지 그렇게 부르겠지만, 제게는 '함께 배우는 시민의 보금자리'입니다.

광진에는 이미 이런 가능성을 품은 공간들이 곳곳에 있습니다. 낡았지만 여전히 튼튼한 교실과 운동장을 비롯한 부속건물들이 지역사회와 다시 손을 잡는다면, 행정관청이 수십억 원의 예산을 들여 새로 짓지 않아도 시민의 배움터는 만들어집니다. 이런 공간을 중심으로 교육청, 구청, 의회가 함께 참여하는 '공공 학습공간 리모델링 프로젝트'를 구성해서 미래지향적인 논의를 여는 것 또한 건설적인 방안일 것입니다. 학교의 유휴시설과 이전 공공청사를 활용해 지역별로 생활·교육·복지를 통합한 마을교육플랫폼을 조성하는 것, 미래 광진이 밝게 열리는 신호탄이 될 것입니다.

학교가 문을 닫는다고 배움이 끝나는 것은 아닙니다. 그 자리를 어떻게 다시 쓰느냐에 따라 도시는 달라집니다. 폐교는 개발의 대상이 아니라 '지역 학습 생태계의 허브'로 거듭나야 합니다. 낮에는 아이들의 돌봄과 방과 후 프로그램, 저녁에는 주민의 평생교육과 문화 관련 강좌가 이어지는, 그렇게 공공이 주도하고 주민이 참여하는 방식이면 충분합니다. 지역 청년들이 IT·디자인·문화예술 분야에서 재능기부와 강의를 병행할 수 있다면, 교육은 자연스럽게 경제와 연결됩니다. 한때 아이들이 뛰놀던 운동장에선 어르신들께서 운동하고, 실험을 하던 과학실에선 청년들이 모여 창업을 준비하고, 교실에선 아이가 악기를 배우고 그림을 그리는 풍경들. 이것이야말로 '도시의 배움이 다시 도시로 환원되는 구조'입니다.

이런 변화는 이미 여러 곳에서 검증된 모델이 있습니다. 서울시의 '학교시설 복합화 사업', 경기도의 '폐교 리유즈 프로젝트'를 비롯하여 부산의 '시민 학습공간 조성 사업' 등은 모두 같은 방향과 목적지를 보여줍니다. 중요한 건 속도보다 설계입니다. 학교를 허무는 일보단 남겨진 자산을 어떻게 재구성하느냐가 도시 행정의 품격을 결정합니다. 저는 그 설계를 '공동체의 손'에서 시작해야 한다고 생각합니다. 교사와 학부모, 지역 상인, 예술가, 청년, 어르신이 함께 참여하는 '마을교육협의체'를 제도화해 교육의 방향을 공동으로 결정하는 구조입니다.

이 협의체는 단순한 회의체가 아닌, 교육 현장의 목소리를 행정과 연결하고 정책을 주민의 눈높이로 번역하는, 정책에 대한 '번역기'의 역할을 할 것입니다. 예산보다 중요한 건 의견의 순환입니다. 주민이 제안하고, 교육청이 검토하고, 의회가 정책화하면서 행정관청이 실행하는 순환 구조가 정착될 때, 교육은 제도의 틀을 넘어 지역의 문화로 자리를 잡게 될 것이라 확신합니다.

제가 강조하는 '학교와 마을의 연결'은 결국 행정 효율의 문제가 아니라 도시의 품격입니다. 교문이 닫히면 배움이 멈추고 교문이 열리면 마을, 더 나아가 도시 전체가 숨을 쉽니다. 저는 공공의 자산이 공공의 꿈을 키우는 공간으로 다시 태어나야 한다고 믿습니다. 아이들의 웃음소리가 사라진 건물에 다시 시민의 배움이 채워질 때, 도시의 시간은 지속될 것입니다.

교육은 학교에서 시작되지만, 마을에서 완성됩니다. 그리고 그 완성은 행정의 결정이 아니라 시민의 참여로 이루어집니다. 저는 학교가 사라질지언정 배움은 계속 남는 도시, 마을이 스스로 교육의 무대가 되는 광진을 위해 오늘도 준비하고 있습니다.

아이들이 배우고, 어른이 가르치며, 그렇게 모두가 함께 성장하는 도시.

그게 바로 제가 꿈꾸는 진짜 '교육 광진'입니다.

AI와 디지털 리터러시로 여는 새로운 교육생태계

 교육의 미래는 더 이상 교과서 안에 있지 않습니다. 지금의 아이들은 인공지능과 함께 자라고, 디지털 공간에서 세상을 배우며, 데이터와 정보 속에서 사고합니다. 그래서 교육은 단순히 지식을 전달하는 과정을 넘어, 기술과 인간이 공존하는 사회를 준비하는 일이 되어야 합니다. 저는 이 변화를 두려움이 아닌 가능성으로 바라보되, 기술이 사람을 지배하지 않고 사람을 돕는 방향으로 나아가야 한다고 믿습니다.

 AI와 디지털 혁신은 이미 교육의 형태를 바꾸고 있습니다. 서울시교육청에 따르면, 인공지능 기반 학습, 데이터 분석형 진단평가, 디지털 교과서 도입이 본격화되고 있습니다. 하지만 기술의 속도가 빠를수록, 아이들이 그 기술을 이해하고 다룰 수 있는 능력, 즉 디지털 리터러시Digital Literacy가 더욱 중요해집니다. 이를 위한 제도적 기반 마련을 위해, 저는 지난 2021년 『서울특별시교육청 디지털 리터러시 교육 지원 조례』를 대표 발의했습니다. 이 조례는 단순히 기기를 다루는 법을 가르치는 것이 아닌, 정보를 비판적으로 읽고, 온라인 공간에서 타인을 존중하며, AI의 판단을 맹목적으로 따르지 않고 스스로 사고하는 시민을 길러내기 위한 제도적 기반입니다. 즉, 기술을 배우는 교육이 아니라, 기술을 다스릴 줄 아는 인간을 키우는 교육입니다.

AI 시대의 교육은 효율보다 균형입니다. 기술은 받아들이되, 인간의 이해력과 판단력을 중심에 둔 공공 학습 생태계를 만들어가는 것이 중요합니다. AI는 교사의 전문성을 대체하는 것이 아니라, 교사가 기술의 방향을 조율하는 '인간 중심 조타수'가 되어야 합니다. 학생 개인의 학습 데이터 보호, 교사 연수 강화, 현장 기술 의존도 조절 등 기술 도입의 속도와 교육의 철학이 또한 균형을 이루어야 합니다.

기술의 발전보다 중요한 것은, 그것을 사람의 성장에 맞게 설계하는 일입니다. 디지털 리터러시 교육은 전 세계가 동시에 고민하고 있습니다. 핀란드는 초등학교 단계부터 '코딩과 윤리'를 필수 과목으로 지정해, AI 활용보다 AI를 이해하는 교육을 강조하고 있으며, 에스토니아는 전 국민 대상 온라인 학습 플랫폼을 구축하여 유소년, 청년·직장인과 노년층이 함께 참여하는, 이른바

'평생 디지털 교육 체계'를 완성했습니다. 영국 역시 2021년 '미디어 리터러시 전략'을 통해 학생뿐 아니라 학부모와 언론·지방정부까지 함께하는 사회적 교육 네트워크를 운영 중입니다. 이러한 해외 사례들이 보여주는 공통점은 분명합니다. 기술이 아니라 '사람'을 중심에 둔 교육이 결국 지속 가능한 경쟁력이 된다는 사실입니다.

우리나라에서도 세종시가 AI 교과서와 디지털 튜터 제도를 시범 운영하고 있고, 성남시와 부산시는 지역 도서관·복지관을 활용해 디지털 시민학교를 운영하며 노년층과 청년층이 함께 배우는 세대 교차형 통합 프로그램을 시행 중입니다. 이처럼 학교 밖에서 이루어지는 '생활형 디지털 학습'은 도시 전체를 하나의 배움터로 만드는 중요한 실험입니다.

광진에서도 이러한 공공 학습모델이 확대되어야 합니다. 같은 지역 내에서도 학교와 가정의 경제적 여건, 시설 수준에 따라 디지털 접근성은 달라집니다. 저는 이를 단순한 교육 문제가 아닌 도시 복지의 문제로 보고 있습니다. 공공이 제공하는 학습 플랫폼과 장비 지원이 균형 있게 이루어져야 하고, 도서관·커뮤니티 센터·복지시설 등 생활 속 공간이 누구나 디지털을 배우고 체험할 수 있는 열린 배움터가 되어야 합니다. 아이들이 태블릿으로 학습하고, 청년이 코딩으로 창업을 구상하며, 어르신이 스마트폰으로 세상과 다시 연결되는, 이것이 제가 구상하는 '배움의 균형을 갖춘 도시'입니다.

AI는 인간의 사고를 대신할 수 없지만, 사고를 넓게 하는 도구가 될 수 있습니다. 저는 디지털 기술이 도시의 성장 동력이자 동시에 시민의 삶을 풍요롭게 만드는 복지 인프라가 될 수 있다고 확신합니다. 청소년에게는 진로 탐색의 기회를, 청년에게는 창업의 플랫폼을, 어르신에게는 디지털 소외를 해소할 학습의 기회를 제공하는 구조. 이것이 제가 꿈꾸는 AI 기반의 사람 중심 교육생태계입니다.

더 나아가 학교의 혁신이 행정의 혁신으로 이어져야 합니다. 행정이 데이터를 읽고 정책을 설계하며, 시민의 의견을 기술로 연결할 수 있어야 교육의 변화가 실질적인 도시의 변화로 확장됩니다. AI 행정시스템의 도입, 공공데이터 개방, 정책 정보의 투명함은 시민이 행정의 주체로 설 수 있게 하는 절대적인 기반이 될 것입니다. 기술이 행정을 효율적으로 만들 때, 행정은 다시 사람을 따뜻하게 만듭니다. AI와 디지털 리터러시는 이제 교육의 과제가 아니라 도시의 생존 조건입니다.

그러나 기술이 도시를 이끌 수는 있어도, 방향을 결정하는 건 결국 사람입니다. 기술은 수단이고, 사람이 목적이라는 건 불변의 진리이기 때문입니다. 기술이 사람을 앞서지 않도록, 사람이 기술을 다스리는 도시를 만들고 싶습니다.

배움이 세대를 이어가고 기술이 사람을 잇게 될 광진구. 그 새로운 교육생태계의 첫걸음을 광진구민과 함께 내딛겠습니다.

8장 · 사람 중심 행정, 새로운 목민관의 길

주민을 가장 잘 아는 행정가, 현장에서 답을 찾다

    정책은 회의실이 아닌 골목에서 만들어집니다. 주민의 말 한 마디와 불편을 담은 손짓 하나가 행정의 출발점이 되어야 한다고 생각합니다. 그래서 저는 늘 현장을 먼저 향했습니다. 시장 소음 속에서도, 아침 통학로에서도, 행정의 해답은 늘 사람 속에 있다고 믿었습니다. 광진은 지금 도시의 전환기를 지나고 있습니다. 외형은 발전했지만, 주민들의 일상은 아직 그 속도를 따라잡지 못했습니다. 교통·교육·복지·환경·문화의 모든 영역에서 '조금 더'라는 말이 끊이지 않는 이유이기도 합니다. 이제는 행정이 사람의 체감 속도로 움직여야 할 때입니다.

    '사람 중심 행정'은 구호가 아니라, 생활의 현장에서 실감할 수 있는 구조로 뿌리내렸을 때 이뤄지는 것입니다. 주민을 가장 잘 아는 행정가는 말을 많이 하는 사람이 아닌, 가장 많은 이야기를 듣는 사람입니다. 행정의 문턱 앞에서 흩어지는 주민의 의견을 놓치지 않기 위해서는 더 이상 형식적인 소통 창구가 아니라, 실질적으로 의견이 모이고 반영되는 살아있는 통로가 필요합니다. 누구나 일상의 문제를 제안하고, 그 처리 과정을 함께 지켜볼 수 있는 투명한 구조가 만들어질 때, 행정은 비로소 신뢰를 얻습니다. 행정은 통보가 아니라 대화여야 하고, 대화는 설득이 아니라 공감이어야 합니다.

현장의 대화 속에서 가장 자주 들었던 단어는 '교육'이었습니다. 교육은 학교의 문제가 아니라 도시의 경쟁력이자, 세대가 이어지는 사회의 토대입니다. 우리 광진구에는 학습 인프라의 편차가 분명히 존재합니다. 학교 환경, 사교육 접근성, 도서관과 학습 공간의 밀도는 아이들의 출발선을 달리 만드는 요인입니다. 저는 이를 단순한 학력 격차가 아닌 기회 격차로 인식해야 한다고 생각합니다. 학교와 마을, 교육청과 지방정부가 협력하여 생활권 단위의 교육 관련 복지를 강화하고, 배움의 자원은 지역 전체로 확산하는 구조가 필요합니다. 배움이 곧 성장이고, 성장이 곧 도시의 활력이기 때문입니다.

2023년 우리나라의 사교육비는 27조 원을 넘어 역대 최고치를 기록했습니다. 서울은 읍면 지역의 두 배 이상, 광진도 예외가 아닙니다. 사교육비 부담은 단순한 교육비를 넘어, 가계 부채와

저출산, 청년 세대의 불안으로 이어지고 있습니다. 이제는 교육비 절감을 넘어 공공이 학습의 품질과 접근성을 함께 보장하는 교육 복지 체계로 나아가야 합니다. 이를 위해 '공공학습센터'와 함께, 공공 온라인 보충학습 시스템인 '공공런learn'을 제안합니다. 이는 오프라인 학습 공간과 온라인 플랫폼을 결합한 새로운 학습 생태계로, 학교 밖에서도 누구나 스스로 배우고 성장할 수 있도록 지원하는 구조입니다. 교사와 학생·대학생·졸업생이 멘토로 참여해 기초 학습과 진로상담, 보충학습을 돕고, AI 학습지원시스템과 EBS를 비롯한 공공 콘텐츠를 결합해 지역과 소득의 격차 없이 맞춤형 학습을 제공합니다. 사교육을 대체하려는 것이 아니라, 학습의 공공성을 시대에 맞게 복원하는 것입니다.

공공학습센터는 학생만을 위한 공간이 아닙니다. 청년에게는 멘토링과 일자리의 기회를, 어르신에게는 디지털 리터러시와 평생학습의 통로를 열어주는 세대 교차형 학습 복지 모델입니다. 이미 세종·성남·부산 등에서는 지역 도서관과 복지관을 연계한 공공학습센터가 운영 중이며, 우리 광진구 역시 생활권 단위로 이를 확장해 나갈 필요가 있습니다. 배움이 우리의 일상들 속에 스며들 때, 교육은 더 이상 비용이 아니라 도시의 자산이 되기 때문입니다. AI와 디지털 전환의 시대, 학교와 도서관, 복지시설과 문화센터가 하나의 '생활 속 학습 네트워크'로 연결될 때 광진의 교육은 한 단계 도약할 것입니다. 아이와 부모, 청년과 어르신이 함께 배우는 도시가 바로 사람이 자라고 뿌리내리는 도시, 미래의 광진구의 모습입니다.

교육과 함께 주거는 사람이 뿌리내리는 가장 근본적인 기반입니다. 지금의 광진구는 서울에서도 손꼽히는 교통 요지입니다. 지하철 2·5·7호선이 교차하고 강변북로와 올림픽대로가 인접해 있지만, 청년과 신혼부부가 머물기에는 여전히 주거 여건이 녹록지 않습니다. 높은 전월세와 공급의 불균형, 낡은 주거지와 생활 편의시설 부족이 도시의 활력을 잠식하고 있습니다. 저는 우리 광진이 '사람이 자라고, 머물고, 돌아오는 도시'가 되어야 한다고 믿습니다. 이를 위해서는 교육과 주거 관련 인프라의 동반 개선, 그리고 생활 속 안전과 교통 편익 정비가 함께 이루어져야 합니다.

지속 가능한 도시는 단순히 건물이 늘어나는 곳이 아니라, 사람이 안심하고 살아갈 수 있는 환경을 가진 도시입니다. 아이를 낳고 키우기 좋은 환경, 청년이 미래를 설계할 수 있는 환경, 어르신이 존중받으며 여생을 누릴 수 있는 환경. 이 세 가지 축이 균형을 이룰 때 도시의 품격은 완성됩니다. 그 중심에는 주거의 안정성과 생활의 안전이 있습니다. 광진은 오래된 주택 밀집 지역이 많아 재건축·재개발과 더불어 생활형 도시재생이 병행되어야 합니다. 노후 주택의 안전진단과 골목길 조명의 확충, 보행자 중심의 도로 재정비, 아이와 어르신이 가까운 곳으로 함께 이용할 수 있는 생활 SOC의 확장은 결국 주거복지의 연장선에 있습니다.

생활안전 또한 도시의 경쟁력입니다. 어린이보호구역과 통학로, 충분한 공원 산책로, 시장과 골목길의 지능형 CCTV와 비상벨, 여성과 노약자를 위한 심야 안전 귀가 동선 확보 같은 세밀한 정책들은 결국 주민의 체감 품질을 높이는 행정 그 자체입니다.

교통도 주거와 분리될 수 없는 생활의 핵심 요소입니다. 광진구의 도로망은 이미 포화 상태에 가까우며, 출퇴근 시간대 혼잡과 정체는 일상의 피로로 이어지고 있습니다. 이제 교통정책은 속도의 문제가 아니라 삶의 질을 조정하는 문제로 접근해야 합니다. 차량 중심의 효율보다 보행자 중심의 안전, 이동의 양보다 이동의 질을 높이는 방향으로 교통의 체계가 재편되어야 하는 것이죠. 버스 노선의 효율적 조정과 환승 동선의 단순화, 공영주차장 확충, 공유형 주차 시스템의 확대, 교통약자를 위한 무장애 이동 환경 조성 등은 모두 도시의 품격을 결정짓는 생활형 교통 행정입니다. '빠르게'보다 '안전하게', '많이'보다 '효율적으로' 가는 교통이야말로 지속 가능한 도시의 전제입니다.

교통의 목적은 단순히 이동이 아니라 연결에 있습니다. 사람과 사람, 지역과 지역, 세대와 세대를 자연스럽게 이어주는 네트워크로서의 교통이 도시의 일상을 지탱해야 합니다. 학교, 직장, 시장, 공원 등 생활의 모든 동선이 단절 없이 이어질 때 비로소 주민들께선 안심을 느끼고, 도시는 사람의 속도에 맞춰 숨을 쉽니다. 결국 교육과 주거, 안전과 교통은 서로 다른 정책이 아니라 사람의 삶을 구성하는 하나의 구조이기 때문에, 이 중 어느 하나라도 균형을 잃으면 도시의 품격은 흔들리게 됩니다. 주민이 걷기 편하고, 아이가 안전하게 등교하며, 어르신이 불편 없이 이동할 수 있는, 그러한 '기본'이 지켜질 때 비로소 사람은 머물고, 도시의 시간은 지속됩니다. 광진은 이미 그 잠재력을 충분히 갖춘 도시입니다. 세심한 행정을 통해 균형 잡힌 인프라 개선이 이루어진다면, 사람이 모이고 머무는 '살기 좋은 생활 도시 광진'은 머지않을 것입니다.

복지 또한 행정의 품격을 결정합니다. 지역의 빠른 고령화 속도에 대응하기 위해서는 돌봄이 단순한 서비스가 아닌, 일상의 한 부분으로 빠르게 스며들어야 합니다. 인지훈련, 정서 회복, 가족 지원 등 기존 치매안심센터의 기능을 확장한 치매 예방 및 치유형 복지 공간이 적극 마련되어야 함과 더불어, 어르신의 여가·건강·사회참여를 지원하는 복지 인프라 역시 질적 개선과 함께 양적 확대가 병행되어야 합니다. 지금의 소수 복지관과 경로당 중심 복지가 단순한 쉼터 역할에 머무르지 않고, 문화·교육·건강 등이 전부 결합한 생활 복합형 공간으로 더욱 발전할 수 있도록 노인복지시설의 수와 기능을 구체적으로 늘려가는 논의를 하루 빨리 시작해야 합니다. 어르신들이 원하는 시간에 가까운 곳에서, 삶을 스스로 설계할 수 있는 환경이 마련되는 것이 진정한 복지이기 때문입니다. 어르신 한 분의 일상이 존중받는 도시는 젊은 세대에게도 밝은 미래를 보여줄 수 있습니다. 결국 이런 변화는 단지 노년층만을 위한 일이 아니라, 청년과 중장년 모두의 미래를 준비하는 사회적 투자입니다. 결국 복지는 돈이 아니라 태도의 문제이며, 행정이 인간의 존엄을 지켜주는 가장 세련된 방식이라고 자신 있게 말씀드립니다.

이제는 피할 수 없는 이슈인 재개발과 재건축 등의 도시재생 사업 또한 사람의 삶을 중심에 두어야 합니다. 오래된 골목과 노후 주택, 쇠퇴한 상권은 단순히 낡은 흔적이 아니라, 앞으로의 도시 경쟁력을 결정할 핵심 과제입니다. 도시재생은 복원의 개념이 아니라 격상의 과정이어야 합니다. 사람의 거주 여건과 도시의 미관, 지역경제가 동시에 개선되는 걸 의미하죠. 낡은 건물을 다시 짓는 일이 목적이 아니라, 생활의 품격과 지역의 환경 수준을 한 단계 높이는 걸 목표로 둬야 함은 자명합니다.

무엇보다 중요한 건 주민들께서 중심이 되고, 동시에 속도와 현실성이 담보되는 방식입니다. 도시재생이 계획만 번지르르하게 세우고 '합의만 하다 멈추는 일'이 되어선 안 됩니다. 주민의 의견은 최대한 반영하되, 합리적인 절차와 일정 속에서 신속히 진행되어야 합니다. 광진이 앞으로 직면할 주거 구조의 노후화 문제를 생각하면, 행정의 실행력과 주민의 참여력이 동시에 작동해야만 실질적 변화를 만들 수 있습니다.

또한 도시재생은 '모두의 동의'보다 '의사 합치'의 영역입니다.

이견이 생길 수밖에 없는 현실에서, 서로의 기득권을 부정하기보다 존중하고, 조정의 과정들 속에서 공존의 해법을 찾는 태도가 필요합니다. 재산권은 도시의 질서 안에서 존중받아야 하며, 그 존중이 있어야만 협력도 가능합니다. 도시의 변화는 갈등의 결과가 아니라 합리적 양보의 결과여야 합니다.

이러한 원칙이 작동할 때, 도시재생은 더 이상 '느리고 비효율적인 행정사업'이 아니라, 경제적 메리트를 갖춘 지역 성장모델로 자리 잡을 수 있습니다. 주민의 생활 환경이 개선되면, 상권이 살아나고, 지역 부동산 가치가 높아지며, 구의 재정 여력 또한 커집니다. 행정은 이 순환 구조를 계획 단계에서부터 고려해야 합니다. 환경의 질이 오를수록 세수는 늘고, 세수가 늘수록 복지는 확장됩니다. 도시재생은 결국 재정의 선순환 구조를 만드는 가장 실효적인 정책 수단이기도 합니다.

광진의 도시재생은 그래서 '환경의 격상과 사람의 존중이 함께 가는 모델'이 되어야 합니다. 단순히 골목의 외벽을 고치고, 보행로를 넓히는 수준을 넘어, 도시의 구조 자체를 바꾸는 일이어야 합니다. 주거와 상권, 공공시설이 조화롭게 배치되고, 그 안에서 사람의 삶이 편리하고 품격 있게 이어지는 도시. 그것이 진정한 재생의 의미입니다.

그래서 저는 도시재생을 '느린 미화 사업'으로 보지 않습니다. 주민의 삶의 무게가 가벼워지고, 환경이 정돈되며, 지역의 가치가 새로 평가받는 변화의 과정으로 봅니다. 그리고 그 변화가 오래 지속되기 위해서는 행정의 계획, 주민의 참여, 그리고 합리적 조정이 균형을 이루어야 합니다. 결국 핵심은 사람이 사는 환경을 바꾸되, 사람의 의지를 존중하는 일입니다. 행정은 설계자가 아니라 조정자이고, 주민은 수동적 참여자가 아닌 주체가 되어야 합니다. 속도와 품격, 참여와 효율이 공존하는 도시재생이 광진이 나아가야 할 방향이며, 다시 세우는 길이라고 확신합니다.

교통 문제도 예외가 아닙니다. 동서울터미널 재건축 사업은 단순한 기반 시설의 재정비가 아닌, 광진의 도시 구조를 새롭게 설계하는 일입니다. 동서울터미널은 광진의 관문이자 서울 동부권 교통의 핵심축으로, 그동안의 낙후된 시설과 혼잡한 교통체계로 인해 지역 이미지와 생활 편의가 크게 제약받아 왔습니다. 한강을 품고 있는 광진구의 지리적 장점을 생각하면, 이곳은 충분히 '서울 동쪽의 새로운 거점'이 될 수 있는 잠재력을 지니고 있음은 자명합니다. 따라서 재건축 사업은 단순히 건물을 새로 짓는 문제가 아니라, 광진의 상징성을 되살리고 지역경제의 새로운 중심을 조성하는 일로 바라봐야 합니다.

이 과정에서 간과되어선 안 될 것이 있습니다. 효율만을 이유로 사람의 터전을 일거에 밀어버리는 방식은, 결과적으로 행정에 대한 불신을 키울 뿐입니다. 도시를 바꾸는 일은 속도의 문제가 아니라 방식의 문제입니다. 행정의 효율이 필요하다는 사실을 부정할 수는 없지만, 그 효율이 사람의 일상을 지우는 방식으로 구현되어서는 안 됩니다. 광진이 지향해야 할 행정은, 철거보다 대화가 빠르고, 지시보다 설명이 먼저 오는 행정입니다. 현장을 존중하고, 그 안에 사는 사람의 생업을 함께 고려할 때, 도시의 변화는 비로소 설득력을 얻습니다. 그렇기에 임시터미널 부지 선정, 교통량 흐름의 재배치, 상권과 주민 생활의 조화는 단순한 절차가 아닌 도시 혁신의 윤리적 출발점입니다.

공사 기간 중 교통 혼잡을 최소화하고 생활권의 동선을 보호하는 세밀한 설계, 상권의 일시적 침체를 완화할 방안이 함께 마련되어야 합니다. 그 과정에 주민의 의견이 충분히 반영될 때, 도시는 갈등이 아닌 합의로 새로워질 수 있습니다. 결국 이 사업의 성패는 '얼마나 많은 시민이 그 변화를 받아들였는지'로 평가받게 될 것입니다. 사람의 속도에 맞는 행정이 무엇보다 중요하기 때문입니다.

이와 더불어 오랜 시간 논의되어 온 지하철 2호선 지하화 문제 또한 단순한 교통 효율성의 문제가 아닌, 도시의 균형 발전과 환경 개선을 위한 구조적 해법으로 봐야 합니다. 지상 구간으로 인한 소음·진동·단절 문제는 오랫동안 인근 주민들의 생활 불편으로 이어져 왔습니다. 철로가 지역을 가르며 형성된 물리적 경계는 공간의 연속성을 무너뜨리고, 개발의 흐름을 지속적으로 제약하는 요인이었으니까요. 지하화 논의는 이러한 단절을 해소하고, 광진의 동서축을 다시 연결해 생활권과 상권을 하나로 묶는 미래형 도시 공간 설계의 마중물로 삼아야 할 것입니다. 이러한 논의를 통해 장기적 안목에서 사업을 추진해 나갈 때, 광진의 교통망은 효율을 넘어 사람 중심의 도시 균형 발전 모델로 진화할 것이라고 믿습니다.

행정의 본질은 결국 사람을 이해하는 일입니다. 서류와 숫자가 아니라, 주민의 숨결과 일상을 잘 읽어내는 것이 진짜 행정의 시작이라고 믿습니다. 저는 광진이 단순히 '살기 좋은 도시'를 넘어, '사람이 자라고 머무는 도시, 주민이 중심이 되는 도시'로 성장하길 바랍니다. 교육과 주거, 복지와 교통, 그리고 도시재생까지. 이 모든 정책의 중심에는 언제나 '사람'과 '현장'이 있어야 합니다. 행정이 시민의 속도에 맞춰 움직이고, 주민의 목소리를 가까이서 들을 때 도시는 신뢰를 얻고 지속됩니다. 저는 지난 40여 년간 광진에서 살아오며 이러한 진심을 더욱 깊이 느끼고 있습니다. 현장에서 보고, 듣고, 배우며 쌓아온 신뢰와 경험이야말로 제가 꿈꾸는 '사람 중심 행정'이 바탕이기 때문입니다.

책상 위가 아닌 골목, 지시보다 설득, 통보보다 공감. 그것이 광진이 앞으로 걸어가야 할 길이라고 믿습니다. 주민을 가장 잘 아는 행정, 현장에서 답을 찾는 행정, 사람의 온기가 행정의 기준이 되는 도시 광진구로 가는 길. 그 길의 한가운데에서 저는 오늘도 답을 찾고 있습니다.

행정의 디테일이
사람의 품격이 되는 순간

　　정책의 성패는 거대한 비전이 아니라 마지막 작은 하나에서 갈립니다. 민원창구 앞의 한 줄, 횡단보도 신호 한 칸, 안내문 한 줄의 친절함이 삶의 품격을 좌우합니다. 저는 이런 '행정의 디테일'을 사람의 존엄을 지켜내는 기술이라고 믿습니다. 말과 예산이 충분해도, 세심함이 빠지면 행정은 너무나 쉽게 무심해집니다. 반대로 세심함이 살아 있으면, 서류 한 장도 위로가 되고 절차 한 번도 신뢰가 됩니다.

　　무엇보다 '접근의 문턱'부터 낮춰야 합니다. 형식만 요란한 참여플랫폼이 아니라, 누구나 부담 없이 의견을 보내고, 처리 경과를 실시간으로 확인하고, 결과를 다시 되돌려 받는 '한 번에·한 눈에' 창구가 필요합니다. 모바일·전화·현장 등 개별 접수창구가 하나로 묶여 흩어지지 않도록 하고, 민원 유형별 표준 처리 기한과 담당자 연락처, '접수-검토-조치-회신'과 같은 진행 단계를 공개하면 '연락이 왜 없을까'라는 의문이나 체감 자체가 빠르게 줄어듭니다. 물론, 더 중요한 건 회신의 언어입니다. '불가'나 '해당사항 없음'이 아니라, '왜, 어떻게, 다음은' 등으로 답하는 소관부서와 담당자의 태도가 디테일의 시작입니다.

건강과 돌봄도 마지막 한 걸음이 승부처입니다. 우리 광진구에는 보건소와 함께 2개 생활권역인 중곡·자양 보건지소가 이미 자리하고 있습니다. 이 거점들이 만성질환의 사전 관리, 금연·영양·정신건강 상담처럼 '찾아가는 1차 건강 플랫폼'으로 더 촘촘히 작동할수록 해야 병원 문턱을 넘기 전의 불편이 줄어들게 됩니다. 여기에 야간 상담과 주말 순회 프로그램을 더해 직장인과 돌봄자까지 포괄하면, 건강 격차는 생각보다 빨리 완화될 것입니다.

출산기 돌봄은 무엇보다 세심해야 합니다. 광진구에는 현재 공공산후조리원이 없습니다. 서울시 25개 자치구 중 공공산후조리원을 운영 중인 곳은 중랑·도봉·강서·은평·노원 5곳에 불과하며, 대다수의 산모들은 민간 조리원을 이용할 수밖에 없는 실정입니다. 광진구의 신생아 수와 산모 연령대, 생활비 부담을 감안하면 공공산후조리원에 대한 수요는 분명합니다. 하지만 시설 조성을 위한 건물 등 확보와 예산이나 의료인력 배치와 같이 현실적인 여건을 고려하면 단기간 내 설치는 쉽지 않은 과제입니다. 그렇기에 지금 필요한 것은 시설의 건립보다 체감할 수 있는 지원의 확충입니다. 관내 민간 산후조리원 이용 시 바우처를 지급해 초기 비용 부담을 낮추고, 산후우울증·수유·영양 등 필수 프로그램을 포함한 '표준 돌봄 패키지'를 보건소와 연계·제공한다면 공공의 손길은 더 빠르게 닿을 수 있습니다.

또한 타 자치구 소재 공공산후조리원과 협약을 맺어 광진구 산모가 대기 없이 이용할 수 있도록 연계 체계를 마련하고, 우리 구 보건지소가 산전·산후 건강관리의 코디네이터로 나선다면 출산 전후의 돌봄 공백은 크게 줄어들 것입니다. 결국 중요한 건 '시설의 유무'가 아닌, '누가 얼마나 세심하게 관리하느냐'입니다. 산모가 회복과 돌봄의 시간을 경제적 부담 없이 보낼 수 있을 때, 도시는 비로소 사람을 품는 행정을 실천하게 됩니다.

아이 키우는 일상의 디테일도 중요합니다. 어린이집과 유치원의 이원화가 낳는 행정 사각지대를 줄이기 위해 광진구만의 유보통합 모델을 생활권 단위로 정교하게 구축할 필요가 있습니다. 동 단위의 조정협의체를 상시화해 대기수요를 실시간 공유·배분하고, 통합 대기·알림 시스템으로 보호자의 탐색 부담을 줄이는 구조입니다. 등·하원 동선의 안전을 위해 어린이보호구역 신호주기 조정, 보행 약자를 위한 우선 신호 체계 마련, 차로 축소를 통한 보도 확장 등 '작은 공사'들이 융합될 때, 육아의 체감 난이도는 확연히 낮아집니다.

청소년기 건강은 곧 평생 건강입니다. 지역 체육시설·학교 체육관·보건지소를 연결하여 '비만 주치의 – 활동 코치 – 영양 코치'의 삼각 관리 체계를 생활권마다 운영하면, 단지 체중 수치가 아닌 생활 습관의 변화를 목표로 하는 건강생태계가 만들어질 수 있습니다. 주 1회 건강 코칭, 매일 30분 무료 활동 프로그램, 분기별 체성분·활동량 리포트와 같은 루틴은 '일단 운동해봐'라는 조언을 '함께 운동하자'라는 경험으로 바꿀 것입니다. 정책에 소외되는 계층이 없도록, 학교 밖 청소년과 저소득층 청소년에게도 무상 참가 트랙을 두면서 기회의 격차를 막는 것 또한 디테일입니다.

디지털 전환의 효용도 생활 속에서 밝혀져야 합니다. 학교-도서관-커뮤니티센터-보건지소를 '생활형 학습네트워크'로 묶어서 AI 튜터와 기초 학습 보충, 코딩, 미디어리터러시를 연령대별 난이도별로 운영하는 것입니다. 이런 시스템이라면 사교육 의존을 줄이면서 학습의 질을 지킬 수 있습니다. 학부모에겐 학습·돌봄 일정, 도서 대출, 예방접종 알림을 통합 제공하고, 어르신에겐 디지털 기초·스마트폰 금융 안심·교통 관련 앱 사용 교육을 주기적으로 열어 '기술의 문턱'을 낮추면서, 태블릿·혈압계·스마트워치 등과 같은 디지털 장비를 대여 또는 비용 보전하고 공공 와이파이의 사각지대 해소를 곁들이면, '배움과 건강'은 집 안이나 밖

이나 어디서든 한걸음에 이어집니다.

생활안전의 품격은 '얼마나 보이느냐'로 갈립니다. 가로등을 밝히는 일도 중요하지만, 어디를 더 밝혀야 하는지의 판단이 더 중요합니다. 범죄 및 사고 데이터와 주민 신고를 겹쳐 '야간 취약 동선'을 뽑아내고, 거점마다 비상벨과 폐쇄형 순환 CCTV, 안심거울, 지점 번호를 세트로 완벽하게 깔면 '보이는 안전'이 완성됩니다. 통학로는 과속경보 표지·고원식 횡단보도·차량 회전 반경 축소 등으로 운전자로 하여금 '먼저 멈추게' 하고, 버스정류장에는 안전대기존 지정 방식을 도입하면 체감은 즉시 달라질 것입니다. 주차는 늘리기보다 나누기가 먼저입니다. 주택가 야간 공유주차, 학교·공공청사를 비롯해 교회 등 지역 곳곳에 소재한 주차장의 시간제 개방을 추진하고, 이면도로에서는 거주자우선주차면을 보행폭 확보를 해치지 않는 범위에서 재배치한다면 '차와 사람'의 균형은 자연스러워질 것입니다.

문화와 상권도 디테일에서 힘을 얻습니다. 대형 축제 한 번보다는 '소규모·상시'가 지역경제를 더 오래 지탱합니다. 동네서점과 함께하는 북클럽, 생활예술 동아리 순회 무대, 청년상인 주말 플리마켓, 골목식당 '시그니처 메뉴의 날' 같은 작은 기획들이 길게 이어지면, '광진구는 언제나 뭔가 있는 동네'라는 이미지가 자연스럽게 형성됩니다. 소상공인에겐 카드수수료·임대료처럼 쉽게 바꾸기 어려운 부담 대신, 메뉴·홍보·인력·배달수수료 등 '적은 비용으로 큰 효과를 볼 수 있는' 항목에 행정이 손을 얹어주는 쪽이 체감이 큽니다. 가게 앞 배달 대기 존, 점포 간 공유 물류, 원스톱 광고 제작 지원 등 행정의 손길이 바로 그런 곳에 닿아야 합니다.

돌봄이 일상이 되려면 공간과 시간이 맞아야 합니다. 복지관·경로당을 '머무는 곳'에서 '활동하는 거점'으로 재설계하고, 낮에는 건강·영양·운동·인지 프로그램, 밤에는 지역 강좌·동아리·상담으로 채우면 시설은 살아 움직이는 생활 플랫폼이 됩니다. 노인·장애인·양육자 등 이동이 불편한 분들을 위해 '찾아가는 상담'을 정례화하고, 예약-상담-검진-복지 연계를 한 번에 묶는다면 '여러 번 설명해야 하는 피로'는 사라집니다. 치매안심센터의 기능을 '예방-진단-치유-가족 휴식'으로 확장하고, 구 보건지소와 병원, 주간보호센터를 긴밀히 엮어 동별 권역 체계를 갖추는 일 또한 그 연장선이 될 것입니다.

무엇보다 소통은 '열린 창'이 아니라 '닫히지 않는 문'이어야 합니다. 주민 위탁회의·생활권 타운홀·주민 패널을 격식보다 실효로 운용해서, 한 번 올린 의견을 다음 회의의 첫 안건으로 삼고 그 진행 상황을 '언제·누가·어디까지'로 요약하여 공개하면 '의견을 냈는데 사라졌다'라는 허탈감은 줄어듭니다. 갈등이 발생하면 집행보다는 설명을 먼저 하고, 철거보다 대화를 먼저 택하는 품격을 지키는 것이 행정의 기본입니다. 속도가 중요할 때도 방식을 잃지 않는, '절제'가 바로 도시의 품 안입니다.

마지막으로, 출산기-유아기-학령기-청년기-장년기-노년기로 이어지는 생애주기별 행정 캘린더를 '내 손안의 일정'으로 제공하면, 주민의 일상은 훨씬 가벼워집니다. 예방접종, 양육 수당, 교육 및 돌봄 신청, 구직·전직 지원, 건강검진, 노년 활동을 비롯한 소득 지원까지 전부 포함하여 '미리 알려주고, 자동으로 채워주고, 한 번에 끝내는' 서비스로 구축하면, 그 안에 들어 있는 수천 개의 작은 디테일이 도시의 커다란 품격으로 완성될 것입니다.

디테일은 거창함의 반대말이 아니라, 사람을 귀하게 여기는 마음의 다른 이름입니다. 보건지소가 야간에도 켜져 있고, 산모는 비용 걱정 없이 회복하고, 아이들이 등하교하는 길은 언제나 안전하며, 청년의 저녁은 배움의 즐거움으로 채워지고, 어르신의 아침이 운동으로 시작되는 그러한 일상의 결이 곧 광진구의 품격으로 자리 잡을 것입니다. 그 마지막 한 걸음을 끝까지 책임지는 방식으로, 사람의 하루를 더 편안하게 만드는 정치를 지키겠습니다.

실무형 리더십으로 완성하는
사람 중심 광진

　　리더십은 말로 설명할 수 없고, 오직 결과로 증명됩니다. 그러나 그 결과는 단 한 번의 결단으로 만들어지지 않습니다. 수많은 현장의 목소리, 그리고 실무자의 보고와 정책의 타이밍이 교차하는 순간마다 무엇을 보고 누구의 말을 듣고 어떤 선택을 하느냐가 리더의 품격을 결정하기 때문입니다. 저는 그 순간마다 '사람 중심'이라는 원칙에서 한 치도 벗어나지 않는 리더십을 지향합니다.

　　행정의 속도는 곧 신뢰의 속도입니다. 시민이 느끼는 불편은 행정이 하루라도 늦게 움직이면 곧바로 불신으로 이어집니다. 그 불신을 회복시키는 가장 확실한 방법은 '결정이 있는 행정'입니다. 의사결정이 늦어질수록 행정은 방향을 잃고, 책임을 미루는 문화가 자리 잡습니다. 그 순간 조직은 눈치를 보기 시작하고, 행정의 시계는 멈춥니다. 저는 공공조직 안팎에서 그 과정을 가까이 지켜보며 배웠습니다. 행정은 속도가 늦어서가 아니라, 결단의 방향을 잃을 때 신뢰를 잃습니다. 하지만 속도가 전부는 아닙니다. 리더의 진짜 능력은 '얼마나 빨리'보다 '어떻게 결정하느냐'에 있습니다. 결단이 과감해야 한다면, 과정은 따뜻해야 합니다. 리더는 언제나 양쪽의 목소리를 동시에 들을 줄 알아야 하기 때문이죠. 주민의 요구는 절실하지만, 실무자의 현실도 무겁습니다. 한쪽의 편을 드는 방식으로는 지속 가능한 행정이 만들어질 수 없습니다. 그래서 저는 늘 이 두 가지를 함께 보려 합니다. 주민의 불편이 제기되면 즉시 현장을 찾되, 담당 부서의 입장들을 들어보고, 최적 실행이 가능한 해법을 만드는 걸 고집합니다. 이는 제가 '당장 고치자'보다 '최대한 오래 갈 수 있게 하자'는 이야기를 먼저 하는 이유입니다.

최근 광진구 내 특정 상업지역에서 진행된 노점상 정비를 둘러싸고 여러 논란이 제기되고 있습니다. 보행 환경 개선과 공공질서 회복이라는 명분은 타당하지만, 그 과정이 다소 일방적으로 진행되었다는 지적과 함께 생업의 현장을 충분히 고려하지 못했다는 비판이 잇따르고 있습니다. 특히, 일부에서는 이를 둘러싼 행정 홍보 과정에서 관변 단체의 참여가 과도했다는 의혹과 더불어, 'ㅇㅇ동 주민 일동' 등 출처가 불분명한 지지 현수막들이 잇따라 게시되고 있다는 점 또한 문제로 지적되고 있습니다. 정책은 특정 조직이나 모호한 주체의 이름으로 여론을 조성하는 방식으로는 공감을 얻는 게 아닌, 시민의 자발적 참여와 동의로 추진되어야 합니다. 또한 행정의 신뢰는 얼마나 많은 현수막을 내거는가가 아니라, 얼마나 많은 시민이 그 정책의 이유를 이해하고 수긍하느냐에 달려 있습니다. 공공질서의 유지와 생업의 존중은 양립할 수 있습니다. 리더의 역할은 둘 중 하나를 택하는 것이 아니라, 두 가치를 함께 살릴 수 있는 길을 찾는 데 있습니다. 행정의 품격은 '얼마나 빨리 없애버렸는지'가 아니라, '얼마나 충분히 설명하고 공감했는지'로 평가받아야 합니다.

결정은 단호하되, 과정은 세심해야 합니다. 사람의 일상이 걸린 문제일수록 행정은 더 천천히, 더 깊이 들어가야 합니다. 정치는 결정의 예술이고, 행정은 조정의 기술입니다. 물론 두 영역은 다릅니다. 하지만 그 사이에서 균형점을 찾아 제시하는 모습에서 진짜 리더십이 완성됩니다. 현장의 정치인으로서 주민의 목소리를 듣고, 실무의 논리를 이해하는 일, 그 둘을 조화시키는 것이 제가 말하는 '실무형 리더십'의 본질입니다. 주민의 의견이 논리라면, 담당자의 판단은 현실입니다. 리더는 그 둘을 충돌시키지 않고 하나의 해답으로 통합해야 합니다.

행정의 품질은 결국 리더의 원칙에서 결정됩니다. 저는 세 가지를 기준으로 삼습니다.

첫째, 빠르되 충분히 설명할 것.

둘째, 결정하되 실무자의 전문성을 존중할 것.

셋째, 실행하되 주민이 납득할 수 있도록 설계할 것.

결정의 속도는 리더가 책임을 지는 속도와 같아야 합니다. '검토 중'이라는 단어가 남용될수록 행정의 무력감은 커집니다. 실무형 리더십은 그 습관을 바꾸는 일입니다. 담당자를 신뢰하지 않으면 조직은 위축되고, 창의성은 사라집니다. 보고서가 길어지는 이유는 리더가 확신을 주지 않기 때문입니다. '결정을 미루는 리더'는 불안을 낳지만, '책임지는 리더'는 조직을 움직입니다. 저는 실무자에게 충분한 자율권을 주되, 최종 책임은 반드시 리더가 지는 구조를 선호합니다. 그것이 효율과 신뢰를 동시에 지키는 방식입니다.

행정의 현장은 언제나 복잡한 이해관계를 안고 있습니다. 상인과 주민, 개발과 환경, 복지와 재정의 균형 속에서 누군가의 이익이 다른 누군가의 손실로 이어지기도 합니다. 이럴 때 필요한 것이 바로 '조정의 리더십'입니다. 누군가를 희생시키는 대신, 모두가 조금씩 양보할 수 있는 해법을 찾는 것. 그 과정이 곧 '전병주 행정'의 철학입니다. 저는 회의보다 협의를, 지시보다 대화를 중시합니다. 행정의 설계자는 리더지만, 설계도의 완성은 결국 함께하는 사람들의 몫입니다.

　이제 광진은 변화를 넘어 새로운 기준을 세워야 할 시점에 와 있습니다. 도시는 달라지고 있지만, 행정의 방식은 아직 과거의 속도에 머물러 있습니다. 이제 구청은 단순히 정책을 집행하는 기관이 아닌, 현장과 행정을 잇고 사람과 데이터를 연결하는 결정의 허브가 되어야 합니다. 민원 해결에서 도시정책까지, 효율과 공감이 균형을 이루는 체계를 구축하는 그것이 곧 '사람 중심 행정'의 완성입니다.

　저는 그 길을 걷고 있습니다. 회의보다 현장을 먼저 보고, 서류보다 사람의 얼굴을 기억하며, 지시보다 설명으로 조직을 움직이는 리더. 때로는 불편한 결정을 피하지 않고, 때로는 이해관계를 조정하며, 때로는 조직의 피로를 감싸안는 리더. 그러한 리더십이야말로 광진구의 행정을 새롭게 하고, 사람의 신뢰를 회복하게 하는 힘이 됩니다.

　행정은 결국 사람의 속도를 따라가야 합니다. 책상 위의 계획보다 골목길의 한숨이 더 정확한 데이터일 때가 있습니다. 저는 그 현장에서 답을 찾고, 데이터를 근거로 판단하며, 사람의 언어로 설명하는 리더의 모습을 갖추기 위해 부단한 노력을 마다치 않고 있습니다. 결단은 빠르게, 조정은 깊게, 실행은 투명하게. 그것이 제가 생각하는 사람 중심의 실무형 리더십입니다.

행정은 머리로만 하는 일이 아닙니다. 사람의 손끝에서, 마음의 온도에서, 하루의 체온에서 완성됩니다. 그것이 우리 광진이 '사람이 자라는 도시'로 도약하기 위한 길이며, 제가 믿고 걸어가야 할 정치의 방향입니다.

저는 오늘도 그 길 위에서 광진의 내일을 만들고 있습니다.

에필로그 ● 사람과 함께, 길을 걷다

정치의 본질은
결국 사람

정치는 늘 사람에서 시작하고 결국 사람으로 돌아옵니다. 제가 정치를 처음 생각했을 때, 그것은 권력의 언어나 제도의 문제가 아니었습니다. 누군가의 일상이 조금이라도 나아지는 걸 옆에서 지켜보는 일이 바로 정치의 본질이라 믿었습니다. 시간이 지나면서 정치는 숫자나 성과로 남는 일이 아니라, 사람의 마음속에 남는 기억이라는 것을 알게 되었습니다.

정치는 이상을 말하지만, 결국 그 이상을 실현하는 것도 사람입니다. 법이 제도를 만들고 제도는 정책을 움직이지만, 그 모든 과정의 중심에는 언제나 사람이 있습니다. 그 사람이 얼마나 진심으로 시민을 향해 있는지, 얼마나 오래 듣고 얼마나 깊게 이해하려 하는지에 따라 정치는 전혀 다른 방향으로 흘러갑니다. 저는 그 차이를 수많은 현장에서 직접 보았습니다. 민원인의 한 통의 전화, 회의장 밖 복도에서 들린 주민의 한마디, 심지어 서류 한 장에 찍힌 작은 오타 하나까지도 정치는 결국 사람의 세밀한 감정 위에서 움직인다는 것을 깨달았습니다.

그래서 저는 늘 말보다 표정을 먼저 읽으려 합니다. 사람의 얼굴은 정치의 거울이기 때문입니다. 누군가의 삶을 바꾸겠다고 말한다면, 그 누군가의 표정이 먼저 바뀌는 순간을 책임질 수 있어야 합니다. 그래서 저는 어르신, 청년, 학부모, 상인, 공무원, 학생 등등 이제까지 그 누구도 정치적 이해관계로 만나고 접근한 적이 없습니다. 그분들은 그저 '살기 좀 나아지면 좋겠다', '내 아이가 더 안전했으면 좋겠다'는 단순한 바람들을 품고 계셨습니다. 정치는 그 단순한 바람을 복잡한 절차로 풀어내는 일입니다. 하지만 결국 그 출발점은 한 사람의 마음입니다. 정치의 본질은 그래서 언제나 사람이고, 사람의 본질은 언제나 관계입니다.

제가 의정활동을 통해 가장 깊게 깨달은 것 또한 '정치는 지시가 아닌, 연결의 언어라는 것'입니다. 사람과 사람, 기관과 기관, 행정과 현장을 잇는 다리 역할을 제대로 할 때 정치는 비로소 제 역할을 하고, 그 연결이 끊어질 때 행정은 효율을 잃고 정치는 신뢰를 잃습니다. 그래서 저는 언제나 관계의 복원을 정치의 첫 과제로 두고 있습니다. 서로를 이해시키는 데 필요한 건 설득이 아니라 공감입니다. 공감이 있을 때, 사람은 비로소 함께 움직입니다.

정치란 결국 사람을 믿는 일입니다. 누군가를 믿고, 그 믿음을 다시 돌려받는 과정의 연속이기 때문이죠. 그 믿음이 깨지면 제도는 공허해지고, 그 믿음이 쌓이면 제도는 따뜻해집니다. 그래서 저는 정치를 '사람에 대한 신뢰의 구조화'라고 여깁니다. 한 번의 선거, 한 번의 발언, 한 번의 표결보다 더 오래 남는 건, 그 정치인이 사람을 어떤 식으로 대했는가 하는 태도입니다. 정치는 그렇게 기억되고 평가받습니다. 정치는 단순히 옳고 그름의 싸움이 아닙니다.

사람의 삶은 언제나 중간 지대에 존재합니다. 행정의 판단은 논리로 할 수 있지만, 정치는 언제나 감정의 영역을 거칩니다. 그 감정을 읽고 다루는 일, 그것이 정치의 기술이며 인간에 대한 이해입니다. 그렇기 때문에 정치는 '감동'으로만 흘러서는 안 되지만, 그렇다고 '감정'이 빠지면 결코 지속될 수 없습니다. 냉철함 속에 따뜻함이 있고, 단호함 속에 유연함이 있을 때 비로소 사람의 마음은 정치로 이어집니다.

정치는 화려한 수사가 아니라, 한 사람의 일상을 지켜주는 꾸준한 행위입니다. 길 위의 가로등, 학교 앞 신호등, 동네 도서관의 불빛 등등 그 모든 것이 정치입니다. 그 작은 결과들 속에서 시민은 정치의 품격을 느끼고, 정치인은 자신의 존재 이유를 찾습니다. 그래서 저는 늘 말보다 '결과의 품격'을 고민합니다. 사람이 중심이 되는 정치란, 사람이 다시 자신의 삶을 믿게 만드는 정치이기 때문입니다. 돌이켜보면, 제가 정치를 시작한 이유도 사람 때문이었습니다. 그리고 그 길을 계속 걸어가는 이유도 여전히 사람입니다.

정치는 결코 혼자 하는 일이 아닙니다. 한 사람의 신념이 아니라, 많은 사람의 공감이 모여서 만들어지는 공동의 여정입니다. 그 여정 속에서 정치인은 어디까지나 '책임자'입니다. 책임은 말이 아니라 태도로 증명되며, 그 태도는 결국 사람을 대하는 방식에서 드러납니다. 그 방식이 진심이면, 시간은 반드시 증명해 줍니다.

정치의 본질은 결국 사람입니다. 사람을 이해하고, 사람을 존중하고, 사람을 위하는 일. 그 단순한 문장을 지키기 위해 평생을 쓰는 것이 정치인의 길이라면, 저는 기꺼이 그 길을 계속 걸을 것입니다.

권력은 언젠가 사라지지만, 사람의 기억은 남습니다. 정치가 제 이름을 기억해 주지 않더라도 좋습니다. 다만 '그 사람은 끝까지 사람을 잊지 않는다'라는 한 문장으로 기억된다면, 제겐 충분합니다.

그들의 철학,
오늘의 실천으로

　　정치는 시대를 비추는 거울입니다. 그 거울 속에서 저는 그들의 얼굴을 봅니다. 김대중의 신념, 노무현의 용기, 이재명의 실행력, 그리고 김영춘의 온도, 이정헌의 진정성. 그들의 철학은 시대마다 다르지만, 결국 '사람'이라는 한곳을 향하고 있습니다. 그렇게 정치는 제도의 언어가 아닌 사람의 언어로 말할 때 비로소 생명력을 얻습니다. 저는 그들의 신념을 오늘의 실천으로 이어가고자 합니다. 사람을 중심에 두고, 삶의 현장에서 답을 찾는 정치. 그것이 제가 믿는 정치의 본질입니다.

　　김대중 대통령에게서 저는 신념의 정치를 배웠습니다. 그는 가장 어려운 시대에 '사람이 먼저다'라는 원칙을 놓지 않았습니다. 감옥과 망명, 배신과 위협 속에서도 끝내 사람을 버리지 않았습니다. 그의 그러한 신념은 이념이 아닌 인간에 대한 믿음이었습니다. 그는 민주주의를 권력의 제도가 아니라, 사람을 존중하는 문화로 만들었습니다. 적대 속에서도 포용을 선택하고, 갈등 속에서도 화해를 선택한 그의 정치엔 진심이 있었고, 그것은 결국 세대를 넘어 신뢰로 발전했습니다. 저는 김대중으로부터 신념이란 큰 목소리로 외치는 구호가 아니라, 작은 자리에서도 흔들리지 않는 자세라는 것을 배웠습니다.

노무현 대통령에게서는 용기의 정치, 품격의 리더십을 배웠습니다. 그는 누구보다 평범한 언어로 권력의 벽을 깼습니다. '사람 사는 세상'이라는 단순한 문장 속엔 권위보다 평등, 지시보다 대화의 철학이 녹아 있습니다. 그는 언제나 불편한 진실 앞에서 멈추지 않았습니다. 정치적 계산보다 양심을 택했고, 편한 선택보다 옳은 길을 선택했습니다. "민주주의는 대화의 다른 이름이다." 그가 남긴 말 가운데 제가 가장 자주 떠올리는 문장입니다. 노무현은 대화의 품격을 정치의 중심에 두었습니다. 정치는 누가 이기느냐의 경쟁이 아니라, 누가 더 많이 듣느냐의 인내라는 것이죠. 그래서 제게 노무현의 용기는 결국 '불편함을 감수하는 진심'의 다른 이름입니다.

이재명 대통령에게서는 실행의 정치와 결단의 행정을 배웠습니다. 그는 행정의 속도와 결과로 신뢰를 얻은 정치인이었습니다. 정책은 단지 약속이 아니라, 시민의 삶 속에서 증명되어야 한다는 걸 보여준 사람입니다. 그의 행정은 복지와 주거, 교통과 산업의 모든 영역에서 늘 구체적이었고, 결과로 완성되었습니다. 저는 그의 실천을 통해 정치가 말로만 신뢰를 쌓을 수 없다는 걸 배웠습니다. 정치는 행동으로, 행정은 결과로 증명되어야 합니다. 결국 이재명의 실행력은 행정의 본질이 '속도'에 있는 게 아니라, '사람이 체감할 수 있는 변화'에 있다는 사실을 일깨워 주었습니다.

그리고 저는 김영춘 전 장관에게서 정치의 따스한 온도를 배웠습니다. 그는 언제나 말보다 태도로 보여줬습니다. 권위를 앞세우지 않고, 관계를 통해 사람을 만나 설득하는 그의 정치에는 늘 따뜻함이 있었고, 그 따뜻함은 곧 신뢰가 되었습니다. 저는 그의 곁에서 '대화하는 정치'의 품격이 무엇인지 배웠습니다. 정치는 설득의 기술이 아니라, 신뢰의 누적입니다. 그는 기다릴 줄 알았고, 그 기다림으로 사람의 마음을 얻었습니다. 김영춘의 정치는 '말이 아니라 온도가 사람을 움직이는 것'입니다.

이정헌 국회의원에게서는 진정성의 정치를 배웠습니다. 그의 정치는 언제나 현장에 닿아 있습니다. 비가 오나 눈이 오나, 새벽부터 밤까지 늘 같은 속도와 같은 눈높이로 주민 곁을 지킵니다. 그의 말은 과장되지 않지만 그의 행보는 누구보다 단단합니다. 그는 정치가 화려한 무대가 아니라 사람의 일상에서 쌓이는 신뢰의 반복이라는 걸 보여주고 있습니다. 저는 이정헌에게서 '정치란 결국 진심'이라는 걸 늘 깨닫습니다. 그 진심이 쌓여 한 사람의 하루를 바꾸고, 그 하루가 모여 한 도시의 품격을 바꾸기 때문이죠.

이 다섯 사람의 길은 제게 이런 결론을 남깁니다.

"정치는 시대마다 형태를 바꾸지만, 그 중심에 있는 사람의 마음은 변하지 않는다"

김대중의 포용, 노무현의 진심, 이재명의 결단, 김영춘의 온도, 이정헌의 실천. 이러한 다섯 갈래의 길이 결국 하나로 모일 때, 정치는 제도의 언어를 넘어 삶의 언어가 됩니다. 저는 그 길 위에 있습니다.

그들의 신념을 계승한다는 건 단지 그들을 무작정 존경한다는 뜻이 아니라 그 신념을 오늘의 현실 속에서 실천으로 바꾸는 것입니다. 그들의 언행을 흉내 내기보다, 그들이 가리킨 방향으로 걸어가는 것이 제가 믿는 '정치의 계승'입니다.

김대중의 신념으로 사람의 폭을 넓히고, 노무현의 용기로 사람의 마음을 세우며, 이재명의 실행으로 사람의 삶을 바꾸고, 김영춘의 온도로 사람의 관계를 잇고, 이정헌의 진심으로 사람의 대하며 신뢰를 쌓는 일. 이 다섯 갈래의 정신이 제 정치의 뼈대이자, 제가 꿈꾸는 '사람 중심 광진'의 근본입니다.

정치는 이름이 아니라 마음입니다. 그 마음을 잇고, 지켜내고, 다음 세대에게 물려주는 일 또한 정치가의 뚜렷한 사명이기도 합니다. 그것이 진짜 계승이며, 제가 지금 이 자리에서 실천해야 할 이유입니다. 저는 오늘도 그 신념의 길 위에서, 사람이 자라고, 관계가 이어지고, 신뢰가 쌓이는 그런 광진을 향해 한 걸음씩 나아가고 있습니다.

정치가 사람을 살리고 행정이 삶을 품는, 그곳이 바로 제가 꿈꾸는 광진의 내일입니다.

'사람이 자라는 도시, 광진'을 향한 다짐

　지역 곳곳의 골목길들을 걷다 보면, 주민 여러분의 삶이 행정의 언어보다 훨씬 깊게 다가옵니다. 첫차를 기다리는 노동자의 어깨, 아이의 손을 잡고 어린이집이나 학교로 향하는 부모의 눈빛, 묵묵히 하루를 여는 시장 상인의 손끝. 제가 정치를 시작하고 행정을 배운 이유는 그 하나하나의 온기를 잃지 않기 위해서였습니다.

　정치는 거대한 구호로 움직이지 않습니다. 사람의 숨결로 움직입니다. 저는 오랜 시간 현장에서 그 사실을 깨우쳐 왔습니다. 누군가의 불편을 외면하지 않는 행정, 작은 목소리에도 귀를 기울이는 정책, 그리고 그 과정에 함께해주는 주민 여러분들의 큰 신뢰. 그것이 제가 믿는 정치의 모습입니다.

이 책은 그러한 믿음의 기록입니다. 저는 이제까지 때로는 현실의 벽 앞에서 무력감을 느끼기도 했고, 때로는 단 한마디의 격려에 다시 일어서기도 했습니다. 그 수많은 일들 속에서도 사람을 잃지 않으려 애썼던 순간들을 이 한 권에 담았습니다. '사람이 자라는 도시, 광진'이라는 말은 단지 구호가 아니라, 저의 확신이자 약속입니다.

저는 앞으로도 이 길을 넓혀가려고 합니다. 행정의 언어가 아닌 사람의 언어로 세상을 이해하고 설명하려 합니다. 주민의 삶 속에서 정치를 배우고, 함께 걷는 걸음 속에서 답을 찾겠습니다. 서울특별시 광진구. 이미 가능성이 충분한 도시입니다. 교육과 복지, 교통과 주거, 문화와 환경 등 모든 영역의 중심에는 사람입니다. 그 사람의 꿈이 자라고, 일상이 단단해지는 도시의 모습이 제가 그리고자 하는 내일입니다.

또한 이 길은 혼자가 아니라 함께 걷는 길입니다. 그렇게 언제나 제 곁에서 마음으로 힘을 보태주신 분들께 고마운 마음이 큽니다. 방향이 막막할 때마다 길을 밝혀준 동료와 선배들, 힘에 부칠 때마다 손을 보태준 아우들, 그리고 무엇보다 흔들림 없는 신뢰로 함께해주신 주민 여러분께 진심으로 감사드립니다. 여러분이 보여주신 그러한 믿음이야말로 전병주의 가장 단단한 자산입니다.

사실 지금까지도 결코 순탄한 길은 아니었습니다. 그렇지만 매번 다시 일어설 수 있었던 건 '사람을 향한 정치'라는 초심이 여전히 제 안에 살아 있었기 때문입니다. 그 초심이 저를 다시 현장으로, 여러분 곁으로 이끌었습니다.

정치는 속도를 조절하는 일이지만, 때로는 속도를 내야 할 때가 있습니다. 저는 이제 더 많은 사람을 만나고, 더 많은 목소리를 듣고, 더 구체적인 변화를 만들어내는 방식으로 그 속도를 높여가려 합니다.

정치는 결국 함께 가는 일입니다. 저는 광진의 구석구석에서 그 '함께'의 의미를 배웠습니다. 여러분 모두가 저의 스승입니다. 그렇게 만들고 계시는 일상의 온기가 광진의 단단한 밑거름이 되고 있습니다. 저는 그 온기를 더 넓게, 더 깊게 나누는 행정을 만들고 싶습니다. 강물같이 낮은 곳으로 흐르지만 절대 멈추지 않는 마음으로, 한 사람의 삶 속에서도 정치에 대한 소중한 이유를 찾으면서, 철저하게 주민 여러분의 편에 서는 행정을 펼치겠습니다. 광진의 변화는 아직 끝나지 않았습니다. 저는 그 변화의 한가운데에서, 여러분과 함께 그 길을 걸어가겠습니다.

이 책이 누군가에게는 한 정치인의 기록으로, 누군가에게는 한 도시의 성장 일기로, 또 누군가에게는 다시 희망을 이야기할 수 있는 이유로 남길 바랍니다.

사람이 자라는 도시, 광진.

그 길 위에서 저는 오늘도 배우고, 듣고, 실천하겠습니다. 사람이 답이고, 사람이 길입니다.

전병주 의원이 걸어온 길

학력 고려대학교 영문학과 학사
고려대학교 정책대학원 행정학 석사

경력 더불어민주당 서울시당 대변인
더불어민주당 중앙당 정책위원회 부의장
더불어민주당 교육특별위원회 부위원장
제21대 대통령선거 이재명 후보 총괄특보

서울특별시의회 의원 (제10대, 제11대 / 재선)
교육위원회 부위원장
교육위원회 위원
정책위원회 위원
운영위원회 위원
윤리특별위원회 위원
교육안전위원회 위원
예산결산특별위원회 위원
항공기소음특별위원회 위원
공직자윤리위원회 위원
교육안전위원회 위원
포스트 코로나 대책 및 민생안정대책 특별위원회 위원
2032 서울·평양 하계올림픽 및 패럴림픽 유치 지원 특별위원회 위원

더불어민주당 중앙당 부대변인
더불어민주당 국민소통위원회 부위원장
더불어민주당 서울시당 직능위원회 부위원장
더불어민주당 서울시당 농어민위원장
제21대 대통령선거 먹사니즘위원회 교육위원회 선임부위원장

서울시교육청 공직자윤리위원
서울시교육청 사고교육정책 자문위원
인본사회연구소 운영위원
민주평화통일자문회의 자문위원
민주당 김영춘 최고위원 교육보좌역

광진구의회 의원 (제7대)
정책연구위원회 위원장
기획행정위원회 위원장
예산결산특별위원회 위원장

수상 제21대 대통령선거 1급 포상
대한민국 공헌대상 의정대상
대한민국 문화교육대상

전병주의 길과 철학,
그리고 사람들
길을 묻다

초판 1쇄 인쇄 2025년 12월 7일
초판 1쇄 발행 2025년 12월 12일

지은이　전병주
발행인　전익균

이사　　정정오, 윤종옥, 김기충
기획　　조양제, 김영진
편집　　김혜선, 전민서, 백서연
디자인　페이지제로
관리　　이지현, 김영진
마케팅　(주)새빛컴즈
유통　　새빛북스

펴낸곳 도서출판 새빛
전화 (02) 2203-1996, (031) 427-4399 팩스 (050) 4328-4593
출판문의 및 원고투고 이메일　svcoms@naver.com
등록번호 제215-92-61832호 등록일자 2010. 7. 12

값 18,000원
ISBN 979-11-94885-22-1　03340

* 도서출판 새빛은 (주)새빛컴즈, 새빛에듀넷, 새빛북스, 에이원북스, 북클래스 브랜드를 운영하고 있습니다.
* 파본은 구입처에서 교환해 드리며, 관련 법령에 따라 환불해 드립니다.
　다만, 제품 훼손 시에는 환불이 불가능합니다.